农村生态旅游开发与经营

鲁平 编著

中国建材工业出版社

图书在版编目（CIP）数据

农村生态旅游开发与经营 / 鲁平编著 . -- 北京：
中国建材工业出版社，2016.9（2023.3重印）
ISBN 978-7-5160-1484-4

Ⅰ . ①农… Ⅱ . ①鲁… Ⅲ . ①农村－生态旅游－旅游资源开发－研究 Ⅳ . ① F590.7

中国版本图书馆 CIP 数据核字 (2016) 第 115462 号

内 容 简 介

农村生态旅游是一种符合科学发展观，实现人与自然和谐发展的新型旅游，对保护农村环境、繁荣农村经济、建设社会主义新农村具有重要意义。本书结合农村生态旅游开发与经营中的实际情况，全面、系统地介绍了农村生态旅游的相关理论和实践。内容翔实、通俗易懂，既可用于广大农民朋友的学习使用，也可用于相关行业技术人员的参考阅读。

出版发行：中国建材工业出版社
地　　址：北京市海淀区三里河路11号
邮　　编：100831
经　　销：全国各地新华书店
印　　刷：大厂回族自治县益利印刷有限公司
开　　本：910mm × 1280mm　1/32
印　　张：7
字　　数：157 千字
版　　次：2016 年 9 月第 1 版
印　　次：2023年3月第2次印刷
定　　价：26.80 元

本社网址：www.jccbs.com　微信公众号：zgjcgycbs

前言

农村生态旅游是农村旅游和生态旅游在理论和实践上的高度融合，是以农业旅游资源为依托，以农民为基本经营主体，以旅游活动为内容，以促进农村发展为目的的一种综合性旅游。农村生态旅游自兴起以来，不仅广受中外游客的欢迎，而且在经济、文化、生态和社会等方面带来了积极的影响。

我国是一个农业大国，“三农”问题一直备受关注。从 2004 年起，中央一号文件连续 13 年聚焦“三农”问题。农村生态旅游的发展为解决“三农”问题提供了新思路、新方法、新途径。2016 年，中央一号文件提出，“大力发展休闲农业和乡村旅游。依托农村绿水青山、田园风光、乡土文化等资源，大力发展休闲度假、旅游观光、养生养老、创意农业、农耕体验、乡村手工艺等，使之成为繁荣农村、富裕农民的新兴支柱产业”。将发展乡村旅游正式纳入农村发展大战略，这是政策利好，将扶持和指导我国农村生态旅游进一步发展。

结合国内外农村生态旅游的发展实际与最新的理论研究成果，我们特编写《农村生态旅游开发与经营》一书。

本书共分六章，系统地阐述了农村生态旅游的概述、兴起与发展、国内外的经验与面临的问题以及农村生态旅游的规划、开发与经营管理等。本书在重点讲述农村生态旅游的同时，内容涉及地理、生态、经济、文化等多个领域，综合了最新的理论研究成果。书中还穿插了具体的案例和相关图片，力求在增加可读性的同时，方便读者对理论的深刻理解与掌握。本书可供广大农民朋友和乡镇干部阅读参考，以提升其开发和经营农村资源的能力，也可供旅游爱好者及高校师生参考阅读，以便增加对农村生态旅游的了解。

由于编者水平和时间有限，书中难免有疏漏之处，望广大读者批评指正。

编者

第一章 农村生态旅游概述

第一节 农村生态旅游的涵义

一、农村旅游

（一）农村旅游的定义

农村旅游，也称农业旅游，是与都市旅游、风景名胜区旅游相对应的，是一种由传统的观光旅游向休闲旅游过渡的新的旅游形态。又有乡村旅游、农业观光旅游、田园旅游等多种称谓。

学者们从不同侧面给出了农村旅游的定义，但是侧重点各不相同。国内学术界目前也没有统一的认识。综合学者的观点，本书将农村旅游定义为：

农村旅游是农业活动与旅游产业相结合，集观光、休闲、度假、体验、娱乐、健身于一体的一项新兴的旅游产业。

（二）农村旅游的具体表现

1．目的地

农村旅游以农村为旅游目的地。农村相对于城市而言，指城市以外的地域。在社会经济缓慢发展时，城市、农村的概念与地域都是相对稳定的。然而，现今经济社会快速发展，城市范围迅速扩大，随着各地城市化速度加快，原本是农村集镇的一些小城镇也迅速向城市化发展。通常认为适合发展农村旅游的是城市郊区的农村，而郊区的概念也比较模糊。

着眼于农村生态旅游的发展研究，本书这样定义：农村，指的是城市范围外，分布着村落、有农业产业的地域。农村既包括城市郊区的城乡结合部，也包括人口比较少，但仍有村落分布、有农业产业（农、林、牧、副、渔业）及其周边的地域。在广阔的农村中，城市化规模小的城镇也属于农村范畴。城市郊区指的是城乡结合部，人们可以利用周末及休假时间去涉足的城市周边的农村地域。

2．旅游资源

农村旅游资源有自然资源和人文资源之分，开展农村旅游可以依托的具体资源包括：农村田园风光、农副产品、手工艺品、农村习俗、农村文化等。

农村田园风光

3. 产品形式

农村旅游产品包括农村环境（农村的山、湖、河、森林等）、农村遗产（农村的传统建筑、宗祠寺庙、历史遗迹、村落等）、农村生活（农副产品、手工艺品、传统音乐等）、农村活动（采摘、垂钓、骑射、划船、自行车游等）。

4. 目标市场

农村生态旅游主要以城市居民为目标市场。农村旅游的旅游资源具有区别于城市的文化内涵，恬静清新的农村环境与喧嚣的都市环境形成反差，满足现代都市人追求健康生活方式、愉悦身心的需求，满足旅游者娱乐、求知和回归自然等方面的需求。

5. 以赢利为目的

农村旅游以低廉的价格吸引着城市居民前来吃、住、游、玩、购，使农民从中获得经济效益。因为，旅游者是出于享受农村自然风光、参与农民真实生产生活的心理需求，所以，越是淳朴的体验越受欢迎。如采摘鲜果、收割成熟的稻谷、做一天渔民等，经营者只需较低的成本投入，就可以获利。

农村旅游具有低消费性，具有广大的消费市场，人们的参与程度很高，能产生规模效应，中低档且距离短的旅游项目广受欢迎。对于农民朋友来说，在开展旅游项目的同时，可以兼顾农、林、牧、副、渔的经营活动，从总体上看，可以获得可观的效益。

（三）农村旅游的特征

1. 乡村性

农村旅游的开展是在农村地区，用农村自身拥有的自然景观和人文景观来吸引城镇居民。从旅游业食、住、行、游、购、娱六大要素来概括，农村旅游就是“吃农家饭，住农家院，干农家活，享农家乐，购农家物”。

2. 目标市场的都市性

农村旅游以农民家庭为基本接待和经营单位，市场定位是期望到农村释放快节奏带来的工作和生活压力的城市居民。在这里他们可以逃避都市喧嚣、享受宁静祥和的氛围。

3. 消费的大众性

作为现代旅游形式的农村旅游是大众化的。农村费用低、到达时间相对较短，故消费群体具有大众性。

二、生态旅游

由于工业化和城市化的不断加剧，都市人的生活节奏快、心理压力大，加之生态环境的不断恶化，生态旅游应运而生并成为旅游业发展的热点。

（一）生态旅游的定义

1983 年，世界自然保护同盟（IUCN）生态旅游特别顾问赫克特·谢贝洛斯·拉斯喀瑞首次提出生态旅游。1987 年，赫克特在《生态旅游之未来》（The Future of Ecotourism）中最早对生态旅游下了定义，多年来，专家学者对于生态旅游的概念表述众说纷纭，普遍认为生态旅游协会（Ecotourism Society）在 1993 年对生态旅游的定义最具代表性，它将生态旅游界定为："为了解当地环境的文化与自然历史知识，有目的地到自然区域进行的旅游，这种旅游活动在最大限度地不影响生态环境的同时，创造经济发展机会，让自然资源得到保护，在财政上使当地居民获益"。

综观国内外关于生态旅游的定义，我们将生态旅游定义为：

生态旅游是以享受自然景观、观赏野生生物、体验地方文化为内涵，以自然区域或某些特定的文化区域为对象，以可持续发展为理念，以环境保护为标志，并使当地社区和居民获益的一种旅游现象。

（二）生态旅游的内涵

生态旅游的内涵争议较大，参考前人的研究成果，本书将其分为狭义的生态旅游和广义的生态旅游。

1. 狭义

狭义的生态旅游强调：生态旅游以生态环境和自然资源为旅游对象，旅游者要具有较强的生态意识，以欣赏自然风光和野生动植物为目标，是一种回归大自然但不破坏大自然的旅游活动。旅游过程具有参与性，对生态环境有保护和优化效果，能为保护区筹集资金，为当地居民创造就业机会，使当地居民获益。因旅游地的不同，生态旅游的常见类型有农村生态旅游、都市生态旅游、民族文化生态旅游等。

2. 广义

广义的生态旅游是从旅游生态化的角度出发，强调生态旅游地具有特定的生态环境系统，旅游者能接受生态环境意识教育，旅游业的开发与规划、旅游管理与服务、旅游者的旅游消费过程以及与旅游业吃、住、行、游、购、娱六要素相关的所有产业都应在可持续发展的前提下，实现科学发展。即保护旅游地的生态环境，不损害当地居民利益。

（三）生态旅游的特征

1. 鲜明的目的性

旅游活动带有感受生态系统、接受生态教育的色彩。目的是研究、欣赏和品味自然风光、野生动植物及当地文化遗迹。

2. 旅游者的参与性

通过参与生态旅游活动，如与农夫同耕、与牧人同牧、与渔民同渔等，旅游者可接触当地的风土人情，感受农村生活，以此得到生态体验。

3. 生态环境的保护意识

生态旅游是以生态学理论为指导，强调对旅游环境的保护。

4. 当地居民受益

通过生态旅游活动，当地居民能增加经济收入，也能从中受到保护生态环境的教育。

案例：

生态度假旅游胜地——印度尼西亚巴厘岛

近些年，印度尼西亚极其重视对大自然旅游产品的开发。其中世界著名的生态旅游胜地——巴厘岛，每年吸引前来度假、体验的国际旅游者达160万人次。

巴厘岛作为印度尼西亚著名的旅游区，与首都雅加达相距1 000多公里，并与首都雅加达所处的爪哇岛隔海相望，距离只有1.6公里。爪哇岛由于地处热带，且受到海洋环境的影响，该地气候温和多雨，土壤非常肥沃，四季绿水青山，繁花烂漫，林木参天。加之，巴厘岛人天生喜爱花，到处用花装饰，因此，该岛被称为“花之岛”，并享有“神仙岛”、“南海乐园”的美誉。全岛的山地占地面积很大，全岛山脉纵横，地势东高西低，四五座锥形的完整火山坐落于岛上，其中阿贡火山（巴厘峰）是岛上的最高点，海拔3 142米，1963年喷发过的巴都尔活火山在其附近。该岛还有景色优美的海滨浴场，如努沙·杜尔、沙努尔与库达等处的海滩，这些海滩地域宽阔、沙粒细小、海水湛蓝且清澈。每年来这里游览的各国游客不计其数。

巴厘岛不仅天然景色迷人，且具有丰富多彩的文化与社会风俗习惯。巴厘岛人的古典舞蹈舞姿优美且典雅，在世界舞蹈艺术当中具有独特的地位，也是印尼民族舞蹈中一枝艳丽的奇葩。其中，最具代表的有狮子与剑舞。巴厘岛的雕刻，包括木雕和石雕，手工业品与绘画也以其特有的风格，精湛的技艺闻名遐迩。在岛上到处可以看到木石的精美雕像与浮雕，因此，该岛又有“艺术之岛”的美誉。玛斯就是这座岛上著名的木雕中心。巴厘岛的绘画别具匠心，大都是使用胶与矿物颜料作画于白帆布或粗麻布上，并选取田园风光与人民生活习俗作为主题，具有浓郁的地方色彩。所以，巴厘岛素来又有“东方的希腊”、“诗之岛”的美称。

巴厘岛居民每年庆祝近200个宗教节日，每逢节日，歌舞升平。由于巴厘岛具有万种风情，景物也非常绮丽，因此，它还享有“天堂之岛”、“神明之岛”、“罗曼斯岛”、“绮丽之岛”、“恶魔之岛”、“魔幻之岛”等多种别称。

总而言之，其独有的土著表演、安宁的田园风光、具有独特文化内涵的民居建筑、珍奇的鸟类以及完美的“3S”（海洋、沙滩、阳光）资源，让巴厘岛的生态旅游成为了世界的焦点。

三、农村生态旅游

农村生态旅游是农村旅游和生态旅游在理论和实践上的结合。目前，关于农村生态旅游的定义，国内主要有以下几种：

业内人士曾指出，农村生态旅游指的是：以农村为背景的，具有生态旅游内涵的一种综合性旅游。这种新兴的旅游形式，有着不同于传统农村旅游和一般意义上的生态旅游的特点：

（1）它是生态旅游的一种表现形式，所以，农村生态旅游产品也具有生态体验和生态教育的功能，和大众旅游相比，其旅游规模小，旅游者人数相对较少。

（2）旅游活动的目的地是农村，包含农村村落和其所依托的农村自然环境。

（3）它是依托农村资源（包括生态资源、文化资源、土地资源、旅游资源等）的有机整合而发展起来的。

（4）它不仅需满足游客的观光、休闲、娱乐、农事学习等需求，而且还具有生态体验功能和生态教育功能。

又有人认为，农村生态旅游是一种将旅游发展与环境保护、生态建设、社区发展紧密结合的农村旅游发展模式。它的目标是加强生态环境的保护和建设，同时促进农村地区的发展，把农业、农民和农村发展有机结合起来，使旅游业成为农村地区经济的新内容。

综上所述，本书将农村生态旅游定义为：

农村生态旅游是以农业旅游资源为依托，以农民为基本经营主体，以旅游活动为内容，以促进农村发展为目的的一种综合性旅游。

农村生态旅游受到人为干扰较小，农村因具有恬静的田园风光、丰富的土特产品及独特的民风民俗，从而吸引了大量城市游客。1999 年中国开展生态旅游年之后，国家旅游局把 2006 年全国旅游的主题确定为“中国乡村游”，农村生态旅游随之进入新的发展阶段。

本质上，农村生态旅游是以农村旅游资源、农村生态环境作为旅游吸引物，以农村为旅游目的地，是农村旅游与生态旅游深度融合的旅游活动，适合我国国情，并能在社会主义新农村建设时期促进旅游产业和农业经济互动。因此，在具体实践中，没必要过于纠结于农村生态旅游的定义。

第二节 农村生态旅游的特点与类型

一、农村生态旅游的特点

农村生态旅游是我国现代农业经济与旅游业发展紧密结合而产生的新型旅游形式，随着农村生态旅游向纵深发展，作为区别于其他旅游类型的新兴旅游形式，农村生态旅游表现出更为独特的特性。

（一）旅游资源的丰厚性

农村生态旅游资源由农村自然旅游资源、农村有形文化旅游资源和农村无形文化旅游资源共同组成。既包含丰富的自然景观、人文景观，又包含农业资源、文化资源。农村的自然生态环境与人文资源类型多样而且丰厚。

（二）明显的地域差异性

农村生态旅游具有明显的区域差异性，我国不同的农村地域具有不同的自然条件、不同的农村民俗和不同的文化传统，既有南、北之分，山地、平原之分，也有汉族和少数民族之分。而且，我国是传统的农业大国，农业生产活动更多地依赖于江河湖海、山林土地等天然生产资料和当地的特有资源，由此衍生的农、林、牧、副、渔产业的发展也具有明显的地域性特色，故农村生态旅游的地域差异性非常明显。如到浙江乌镇坐乌篷船，到成都体验川西坝子特有的田园风光，去湘西凤凰体验吊脚楼，到广西观赏壮观的梯田美景等。

（三）鲜明的季节性

农村生态旅游是建立在农村生态资源和环境基础之上的，农村的农业生产活动有鲜明的季节性。农村生态旅游靠天吃饭，农村中农业、渔业、牧业、林业等生产受季节性约束非常强，在气候宜人的春、秋季节，农村生态旅游旺盛，而严冬季节旅游冷淡。这在沿海地区更为明显。

（四）浓郁的乡土性

农村生态旅游以独具特色的农村民俗民族文化为灵魂，以山野的田园风光、原汁原味的生活方式、原始古朴的文化风俗吸引着越来越多的旅游者，以农民家庭为主的经营主体，充分体现出了“住农家屋，吃农家饭，干农家活，享农家乐”的民俗特色，农耕文化、农村劳作形式丰富多样，如刀耕火种、水车灌溉、犁田插秧、除草间苗、划船捕捞、采莲编织等。

（五）消费具有平民性

农村生态旅游的目标市场是对农村生态资源感兴趣的旅游者，

农村生态旅游的主要客源为都市居民，尽管不排除旅游活动过程中的专业性、知识性等要求，但是其花销较小，时间安排比较灵活，对于游客没有过多的其他要求，加之，大多数农村生态旅游项目的设计、策划更注重普适性，更关注大众化的消费水平，因此它的受众群体是十分广泛的。

（六）旅游活动的参与性

随着社会整体生活质量的提高，人们对实现自身价值的追求也更为多样。游客到农村参加生态旅游不单是观光活动，还渴望参与包括农事劳作、采摘、垂钓、喂养、划船、农产品加工等活动，游客在参与过程中能充分体验农民的生活情趣。

采摘橘子

二、农村生态旅游的类型

20 世纪 80 年代中期，我国借鉴国外农村生态旅游产业发展的经验，开发并形成了一些有影响的观光农业园区，取得了较好的经济效益和社会效益。随着产业的发展，观光农业逐渐被农村生态旅游覆盖，并形成了各种不同的类型。根据农村生态旅游资源和农村生态旅游产品特点及其旅游活动的内容和形式，目前，我国农村生态旅游的基本类型主要表现为下面几种：

（一）观光型

农村参与旅游业的最初阶段往往开发观光型农业旅游，短期内就能够为农村带来良好的经济收益。这种类型的农村生态旅游通常具有优美的田园风光、独特的民风民俗、传统或者现代化的农业生产基地等，主要将观赏农村自然田园风光、现代“三高”农业园区、养殖业、传统民居和民俗节庆活动等作为主题。可以满足旅游者的观光、休闲、娱乐等旅游需求。

种植园

（二）参与型

参与型农村生态旅游主要是采摘旅游、购物旅游、务农旅游、以水为载体的农家娱乐旅游等。随着农村生态旅游的发展，旅游者已不再满足于普通的农业和农村观光旅游，而是希望在农村生态旅游中获得一种深层次的文化体验，他们参与到当地农民的农耕生活中，包括：亲自动手采摘水果、品尝农田里长出的各种野菜，和农民一起进行农作物春种秋收、划船捕鱼等。如日本的渔村每到捕捞季节都会迎来大量的游客参与出海捕鱼、制作海产品、品尝海鲜料理等。

（三）度假型

度假型农村生态旅游主要是“住农家房，吃农家饭，干农家活，享农家乐”的休闲度假娱乐旅游。城市居民与农民同吃、同住、同劳作，积极参与农事活动。国外的农村生态旅游主要是以度假旅游形式出现的，并称之为“绿色度假”。农家以大自然为背景，过的是人与自然和谐共处的生活，游客在这里度假，粗茶淡饭，茅屋山泉，可体验到回归自然的自在乐趣。

第三节　农村生态旅游的功能与意义

一、农村生态旅游的功能

在新农村建设背景下，农村生态旅游具有的多重功能性表现尤其突出，本节主要从经济、文化、环境和社会四个方面阐述农村生态旅游的功能。

（一）经济功能

近年来，农村生态旅游迅速发展，一些城市周边形成了农村生态旅游休闲度假带，这在很大程度上刺激和助推了农村经济的发展。

1. 提供更多的就业机会，增加农民收入

旅游行业不仅可以直接提供就业机会，而且能带动相关行业提供更多的就业机会。不断拓宽农民的就业途径，使农村富余劳动力找到自己的发展空间，这样就能够帮助农民增加收入，使其迅速脱贫致富。

2. 增加原有农业的附加值

农业生产的特点是分散性大，周期长，对气候条件依赖性强，易受自然灾害的影响，收益极不稳定，而且农业附加值低。在发展农村生态旅游的地方，通常会大力发展种植业，产生了附加值，还会大力提升农副产品的附加值。

3. 协调区域经济

目前，我国城乡发展不平衡，农村生态旅游的出现在一定程度上有效地解决了社会经济发展的公平性问题，实现城市人才和资金向农村的汇聚流动，促进了区域经济和谐发展。

（二）文化功能

1. 提高农民综合素质

首先，农村生态旅游的发展有助于打破贫困地区农村的封闭状态，增强农民的开放意识，培育农民的科学意识。旅游业进入门槛比较低，在开展农村生态旅游的地区，服务主体是当地农民，随着生态旅游在农村的兴起与迅速发展，农民想要开展旅游经营活动，或者在旅游行业就业，就需要学习旅游服务接待技能、旅游产业相关知识、旅游企业的经营管理理论及方法，从而为贫困地区农民综合素质的全面提升带来了契机。农民意识到提高自身素质的必要性，参加相关的专业培训，努力学习，积累职业经验，从而提高了村民的文化素质和文明程度。

2. 挖掘、保护和传承农村文化

农村生态旅游的开展是尊重当地生态规律和文化习俗的，这样的环境能够引起农民对当地文化的重视，并使农民产生自豪感，意识到其中蕴含的珍贵价值，从而使传统工艺、文化、饮食等得到更好的保护。农村地区的民俗风情、乡土文化丰富多彩。农村生态旅游将各具特色的乡土人情、沿袭已久的农村文化展现在游客面前，极大地弘扬了乡土文化。

（三）环境功能

发展农村生态旅游会让农民认识到良好的生态环境，青山绿水、蓝天白云就是旅游资源，可以提高农民保护生态环境的积极性。即具有一定的生态环境效应，主要体现在强化生态环境意识、注意生态环境保护、优化生态环境、处理好人与自然的和谐发展及生态环境的可持续发展上。

农村生态旅游是一种城市人回归自然、贴近自然的生态旅游，良好的农村生态环境是进行农村生态旅游开发的前提和基础，是吸引游客的基本因素，必须保护自然资源和生态环境，改善农村环境卫生条件，给游客创造出一个良好的生态环境。

由于农村生态旅游的发展，各级政府都加大了对农村基础设施建设的投资力度，积极推进生态环境建设，从而增强了农民爱清洁、讲卫生、爱护自然环境的环境保护意识。农村为了吸引游客也在改善环境卫生状况，这些努力使现在一些农村的道路、通信、供电、供水、垃圾处理、电视接收等基础设施发生了明显改善。

（四）社会功能

1. 转移农村剩余劳动力

农村生态旅游的开发带动了农民致富的热情，使农村剩余劳动力实现就地转化。旅游业是一项劳动密集型产业，具有很高的产业关联度，尤其是后向联系强，农村生态旅游的发展带动了其他相关产业的发展，并形成乘数效应。发展农村生态旅游，吸收农村剩余劳动力，为农民增收开辟了新的途径，大幅增加了农民收入。

2. 促进旅游扶贫工作的开展

我国多数贫困地区拥有丰富的旅游资源，具有独特的民风民俗。发展农村生态旅游可以将这些贫困地区的现有资源利用起来，扬长避短，弥补农业扶贫项目的不足，实现就业与增收的双重目标，尽快脱贫致富，利于扶贫开发工作的有效开展。

3. 促进农村管理的民主化

发展农村生态旅游将促进农村地区的管理民主化。旅游管理机构在运行过程中，是以现代企业制度为理念的，这更新了从业者的法制观念、民主观念、道德观念，使村民认识到依靠管理和民主化是解决自身实际问题的有效途径，会促进农村地区的民主建设。

案例：

中国最美乡村——婺源

油菜花

婺源县地处中亚热带，是东亚季风区，境内多丘陵，森林覆盖率达 82%。婺源是中国传统建筑保存最多、最完好的地方之一。自古就有“书乡”、“茶乡”之称，是全国休闲农业与乡村旅游示范县之一，被外界誉为“中国最美乡村”。

2000 年，婺源县开始发展农村生态旅游，十几年间，旅游业从无到有、从弱到强，现已成为全县的“核心产业、第一产业”。目前，全县拥有 1 个 5A 景区、12 个 4A 景区，4A 级以上景区数量在全国县级排名中遥遥领先。2015 年，全县旅游接待人次共 1529 万，连续九年位居全省第一，门票收入达 3. 6 亿元，旅游综合收入近 76 亿元，景区每天接待游客数高达 22.6 万人次。婺源从事与旅游业相关职业的人员达 8 万，各项旅游指标在全国县级中居于前列。婺源农村居民人均可支配收入由 2014 年的 5279 元增长至 9805 元，年均增长 13.2%。城乡居民储蓄存款余额由 2014 年的 39.74 亿元增长至 87.61 亿元；人均储蓄存款余额2.44 万元，超出上饶市平均水平 4000 元。

江岭油菜花是婺源农村生态旅游的一大品牌，但油菜花的花期较短，为了改变旅游淡旺季节分明的情况，婺源现已大力推进由资源竞争转向文化竞争，由观光游向休闲度假游发展。为此，婺源深挖文化内涵，重点开发民宿产业。为推进民宿产业的发展，婺源专门成立工作指挥部，科学制定《民宿产业管理办法》、《婺源县乡村民宿标准》，意欲打造民宿的“中国标准”。同时，号召“一个品牌打天下”，倡导全县民宿经营者成立产业发展协会，一起树立“婺源民宿”品牌。现今，婺源民宿产业发展取得优良成绩，九思堂、西冲院、明训堂、将军府、继志堂等古宅民宿已经发展成行业的代表。

为推动婺源旅游发展升级，婺源积极加强与周边知名景区的通力合作，联合京福高铁和九景衢铁路沿线的重点城市进行旅游推广，开发高铁沿线的旅游市场；定位“国际生态乡村旅游目的地”，对国外旅游市场展开宣传营销，举办“世界华文媒体婺源行”等大型活动，让婺源走出中国、走向世界。

二、发展农村生态旅游的意义

农村开展生态旅游，不仅仅是像传统旅游一样，通过吸引游客，获得经济收益。它还能在保护农村环境、促进农村可持续发展方面发挥重要作用，对于改善农民的生活环境、促进文化传承也有着不可小觑的重大意义。

笼统地说，发展农村生态旅游在经济、文化、环境和社会等方面有着重大的意义，这也是旅游管理者、旅游经营者和旅游者的共同追求。具体表现在：

（一）解决“三农”问题，推动新农村建设

解决“三农”问题是全面建成小康社会以及现代化建设中最艰巨、最繁重的任务。通过发展农村生态旅游，可以改变农村的落后面貌，推动现代生态农业的发展，增加农民的收入，对于破解三农问题具有重要意义。在社会主义新农村建设的背景下，农村生态旅游经济发展的背景受惠者应该是农村。发展农村生态旅游产业是提高农民素质、培育农村文明的重要手段。农村生态旅游业能够促进农村生产发展，推动新农村建设。

（二）刺激消费，加快农村产业结构优化

我国农村地区分布广阔，生态旅游资源丰富，但发展水平较低，这蕴藏着巨大的投资机会、市场潜力和发展潜力。推进农村生态旅游业发展能提高农民的生活水平，使农村地区的自然资源得到有效开发，从根本上实现“生活宽裕”，并有效地扩大国内投资需求和消费需求，促进我国经济持续快速增长。发展农村生态旅游会促进以农产品加工和服务为重点的农村第二产业、第三产业快速发展，优化农村经济结构。

（三）统筹城乡发展，促进城乡一体化

农村生态旅游是实现由传统农业向现代农业转变，由传统城乡二元社会经济结构向现代城乡社会经济一体化结构转变的重要手段，发展农村生态旅游有利于统筹城乡协调发展，增加城乡之

间的互动。能够实现城乡之间的信息、资金、产品、人员的交换，缩小城乡差距，实现城乡一体化。

（四）实现农村生态旅游地的可持续发展

农村生态旅游也遵循着生态旅游的客观规律，需要在保护环境且能保障可持续发展的背景下开展推进。所以当地资源环境的有效保护、发展的可持续性是和农村生态旅游的发展息息相关的，唯有协调发展，互相促进，维护好当地良好的生态环境，才能保证农村生态旅游的可持续性发展。

农村生态旅游的发展，可以促进农村打造整洁的环境，还可以保护农村自然景观的完美性和生态环境的良好状态。当地农村居民通过开展农村生态旅游获得利益，在利益的驱动下，主动参与生态资源保护。同时，随着生活水平的提高，农民的生活方式也将发生改变，减少对自然资源的索取，实现生态保护的目的。

第二章 农村生态旅游的兴起与发展

第一节 农村生态旅游的兴起

农村生态旅游自萌芽以来已有100多年历史，就农村生态旅游发展的起源时间来看，国外要比国内早，这首先得益于一个多世纪以来工业化和城市化进程的不断加快，农村的经济和政治地位发生了很大改变。其次是国外工业文明和信息科技的大发展，推动了人类回归自然、实现自我的人生追求。

一、发端于国际

农村生态旅游作为一种旅游形态，最早起源于19世纪的欧洲。

早在19世纪初，旅游开发者就注意到农村生态的观光旅游价值。有人认为现代农村生态旅游发起于19世纪中后期的英国，那时大量城市居民开始以休闲为目的走进农村。

对西方农村生态旅游的兴起产生了重要影响的是欧贝尔参议员参与组织的一次农村度假活动。1855年，一位法国参议员——欧贝尔，带领一群贵族来到巴黎郊外的农村度假。在度假过程中，这些往日深居城市宫廷的贵族们，放下平日的威严和尊贵，和当地农民同吃同住。他们参与村里农民的日常生活，如：亲自动手采摘水果，食用田里生长的各种野菜，帮助农民进行春耕秋收，学习制作肥鹅肝酱馅饼，学习养蜂，砍伐树木建造房屋并种植新树苗，等等。通过这些活动，他们内心回归自然、亲近自然、重温历史的愿望得以满足。

意大利在农村生态旅游发展基础上于1865年成立了“农业与旅游全国协会”，这标志着该类旅游开始被重视。该协会专门介绍城市居民到农村去体验田园野趣、感受自然风光、参与农业活动，以便实现暂时离开繁华、喧闹、紧张的城市，获得一些安静和清闲的愿望。

但农村生态旅游真正意义上的大众化，首先开始于60年代初的西班牙。西班牙率先将加泰罗尼亚村落中废弃已久的贵族古城改造为简单的农舍，并且将规模较大的农庄和农场作为旅游参观地和接待地，用来接待那些来农村观光的游客，从此农村生态旅游开始变得大众化。

20世纪后期，在“回归自然”思潮的影响下，随着农村旅游、生态旅游的发展，农村生态旅游如雨后春笋般蓬勃发展起来。美国、加拿大等国也是农村生态旅游发展处于领先地位的国家。从20世纪70年代后期开始农村生态旅游在美国流行开来，到了20世纪80年代后期已形成一定规模。在农村生态旅游的积极推动下，许多国家独特的文化得到了传承、丰富并发扬光大，这刺激和助推了当地经济的发展。农村生态旅游受到了越来越多的国家和人民的推崇和欢迎。如今，各种小型的旅游休闲景点已遍及欧洲农村大地。

二、国内的产生

我国农村生态旅游的产生在世界上属于较晚的。出于外交的需要，20世纪50年代我国农村生态旅游在北京萌芽，那时采用定点方式举办了一些具有农村生态旅游性质的政治性接待活动。如北京近郊的四季青人民公社、天津静海县小靳庄、上海崇明岛等。1988年，改革开放较早的深圳为了招商引资，举办了首届荔枝节，受到人们的欢迎，随后又开办了采摘园，取得了较好的效益。于是各地纷纷效仿，开办了各具地方特色的农村生态旅游项目。

第二节 国外农村生态旅游的发展

从世界范围来看，无论是美国、法国、英国等发达国家还是欠发达国家和地区都非常重视农村生态旅游。据世界旅游组织统计，近几年，欧洲每年旅游总收入为2180亿美元，其中农业旅游收入达到5%~10%。国外农村生态旅游的发展经历了这样的过程，即资源开发由粗放过渡到深度挖掘下的适度开发；旅游活动由静态的欣赏发展为动态的参与；旅游服务由星级的评定发展为文化品牌的营造。现今，欧美、澳洲等发达地区农村生态旅游已经进入较高的发展层次，具有相当的规模，并且走上了规范发展的轨道，成为一种高档次的旅游度假活动。现今，南美洲、非洲部分地区已发展到中间层次，广大的亚洲地区处于农村生态旅游发展的较低层次。

一、亚洲

亚洲是七大洲中面积最大的洲，跨越经纬度十分广，其地貌景观类型的多样性、民族文化的丰富性、经济发展的不平衡性，在世界上最为突出，这使亚洲的农村生态旅游组织方式、开展项目方面呈现出多样性。其中日本、韩国的农村生态旅游意识超前、设施完善。

（一）韩国

韩国的农村生态旅游是随着大规模经济开发产生和发展起来的。目前，在韩国国内旅游收入中农村旅游收入所占比重已达9.4%。韩国政府对农村生态旅游进行严格管理，努力促进农村生态旅游的发展，目前正向着多样化的方向发展。

韩国农村生态旅游内容丰富，以海滩、山泉、小溪、瓜果、民俗为主题的农村生态旅游活动十分常见。韩国约有800个与农村生态旅游有关的民俗节，如，“钓鱼节”、“泡菜节”、“人参节”、“鱼子酱节”、“漂流节”等，具有鲜明的乡土特色。

韩国观光农园是由几户农民联合举办的农村生态旅游活动。

家庭旅馆在韩国被称作“民泊”，意思就是吃住在老百姓家里，集食宿、劳动、文体于一体，是韩国政府特许农民和渔民开办的，目的是让农民和渔民通过它提高收入。城里人到农村小住几日，既可以欣赏田园风光、放松身心，又可以和农户一起劳作、收获新鲜的瓜果蔬菜，此外还可以学做传统美食、酿酒等。韩国政府对农民办家庭旅馆有严格的要求，每户农民最多可以用7间房来开办家庭旅馆，获得的收入无须纳税。另外，韩国农民比较讲卫生，所以家庭旅馆的食宿可以达到游客的要求。“民泊”协会是韩国农民家庭旅馆业的行业组织，承担着为开办家庭旅馆的农民服务及协调的职责。

韩国的农村体验旅游发展得相对比较成熟，如韩国首都首尔周边的农村社区十分注重把农村生态旅游劳作与农村生态旅游商品的销售结合在一起，在春季，举办采摘野生绿茶的活动和庆祝收获茶叶的仪式，游客可以亲手种植水稻；在夏季，举办采摘韩国李子的活动，并销售精心雕刻的李子核；在秋季，举办采摘栗子和柿子的活动，售卖特色米糕；在冬季，炒栗子，要求游客到家里制作特产。

韩国“民泊”

（二）日本

1962年小岩井农场凭借富有诗情画意的田园风光、各具特色的设施和热情周到的服务吸引了大量游客，获得了可观的经济收入。随着小岩井农场观光农园的发展，观光农业迅速在日本发展壮大。

现今，日本国民每年至少参加一次农村生态旅游，其国内旅游市场份额的一半以上都是农村生态旅游，旅行社开发出农村生态旅游，每年组织游客参加春天播种、秋天收割等农事活动和捕捞鱼虾、牧场放牧、牛棚挤奶等项目。在一些水果和花卉的产地，农园已发展成观光旅游地。日本水果之乡青森县的川世牧场有一所国际青少年旅游组织的招待所，游客可以在有关人员的指导下去奶场挤奶、去草场放牧或去果园采摘。从时令果园的分布情况来看，日本果园70%集中在关东、甲信越地区；从经营管理角度看，80%是个人经营，其次是“农协”共管。岩手县的一个渔村有50多户渔民常年接待游客。渔户负责安排4到7位居民为一个劳动小组，手把手地教游客掌握基本的劳动技术。

当下，日本提出加快发展农村生态旅游业，吸引更多入境旅游者和国内旅游者，开发的重点之一就是富有日本传统特色的农村文化。

值得一提的是，日本农村生态旅游取得的成功与日本政府制定合理的计划是分不开的。观光农业旅游经济是对当地资源的综合利用，是将当地自然资源、人文资源以及特有的农村生产活动，与旅游、餐饮等融合为一体，综合经营的一种由农业延伸到服务业的新产业。为促进这种新型服务产业的发展，日本政府制定了科学的规划。

以北海道为例，2000年，日本政府制定以打造充满活力的农村为主旨的“第三次北海道长期综合战略发展”，想要通过发展绿色旅游休闲农业来进一步促进城乡交流与互动，进而实现农业经营多元化的战略发展。为确保该规划顺利实现，2001年开始，政府连续出台一系列观光农业规划。政府的支持收效显著，2006年北海道旅游休闲农业总收入达到244亿日元，带动本地区其他企业增收553亿日元，对本地域经济贡献份额为7.3%。

除了制定合理的规划，日本还注重相关法规体系的完善。以《观光立国推进基本法》、《粮食、农村、农业基本法》为依据，日本制定促进观光农业有序发展的法律有《旅行业法》、《温泉法》、《山村振兴法》、《景观法》等，这些法律条文对审批的程序、审核的标准进行了明确的规定，有很强的可操作性，减少了人为因素对政策实施的干扰，条例执行到位，管理顺利展开，既保证了从事观光农业的企业可以依法经营，又防止了部分人以办观光农业为借口进行圈地和违法经营。

观光农业的发展改善了日本农业的产业结构，使农业生产与服务业相结合，增加了农民的就业机会，提高了农民的收入；观光农业的兴盛吸引了其他社会资本对观光农业的投资，使这一新兴产业发展壮大，使农村经济取得了较快发展。观光农业也促进了日本农村的社会发展，激发了农村居民建设家乡的热情，城市居民走入农村，促进了城乡间的交流，为农村注入活力，促进了农村社会的发展。此外，日本观光农业的发展还带来了良好的生态效益：公共设施得以完善，农村环境变得更加美好，为当地人们的生活，创造了一个和谐的环境。

二、非洲

非洲是世界农村生态旅游的发源地之一，目前开展农村生态旅游的国家多集中于非洲的南部地区，典型的自然景观吸引了大量游客，这些国家的主要外汇收入就是生态旅游收入。非洲大陆壮美奇绝，自然及人文资源独具魅力，有 3000 多个自然保护区，构成了世界其他地区无法超越的非洲农村生态旅游蓬勃发展的绝佳条件。

由于非洲的经济发展水平低，非洲农村生态旅游项目组织者和经费大多来源于国际，从欧洲及美洲来的个人、环境或生物保护的多边组织等，与当地人士或机构进行合作，一些国际性的慈善机构及多边组织援助其建设和经营所需的最初资金。他们在农村地区建立大量的自然保护区，对无数珍稀动植物进行保护，尤其是那些濒临灭绝的珍稀物种。

非洲农村生态旅游

农村生态旅游给当地社区和居民带来收益，奥利佛露营区专门在村里的银行开设了一个账户，并在村委会成员的账户里存入了一笔旅游费。同时，在奥利佛露营区，游客可以从当地土著居民——卡拉哈里布须曼人那里接受生态教育，学习当地的生态系统知识。

三、南美洲

南美洲有着优越的自然条件，其中，亚马孙河是世界上流域面积最广的河，流域内有着世界上面积最大的原始森林，亚马孙平原面积约560万平方千米，是世界上面积最大的冲积平原，有着开展农村生态旅游的良好条件。

在国际生态组织的援助下，依托良好的生态旅游资源，由多个村落或者农户合作形成的联合体成为开展农村生态旅游的主体，这是南美洲农村生态旅游发展的最大特点。

如，在伯利兹南部的雨林区，5个印第安玛雅村落于1990年组成了“托来多生态旅游协会”，在世界自然基金和自然保护协会的支持下，该协会建起了5个生态小屋，每村一个。每家都轮流提供烹饪、导游及参观生态小屋的旅游服务。1995年又有8个生态小屋在“美国国际发展办公室”和“伯利兹环境与旅游部”的资助下建成。游客每天每人要消费35美金，包括吃、住、购买手工艺品和观看歌舞的费用，钱直接付给“托来多生态旅游协会”，其中80%直接分配给提供相关服务的家庭，20%留做村基金。每个家庭都在扮演着接待角色，成本与利润也是均分的。其策划理念是：让村民都有机会从事旅游工作；不必放弃其他的经济活动；将社区内以及社区间的冲突最小化；通过旅游，展示农村文化，并使文化改变最小化。

四、北美洲

北美洲是世界上第二发达的大洲，北美的美国和加拿大地广人稀、经济发达、有较高经济水平。农业以农场为主要经营形式；科研实力强大——大学、科研组织等参与旅游活动中，农村生态旅游项目有着较高的科技含量。

（一）加拿大

加拿大农村生态旅游项目丰富：包括农村美味、农村农业文化、农村农业展览、农村传统节庆活动、主题农业之旅，到农场或牧场住宿或参与骑牛比赛等。这种充满乡土气息的全方位的接触是大都市无法提供的。

现代意义的农村生态旅游在加拿大可以追溯到1989年“红莓湖鹈鹕项目基金会”的成立。作为一个非赢利性组织，其成立主要是为了把红莓湖开发成可以保护鸟类生命的生态旅游目的地。联合国教科文组织将红莓湖和周边地区确立为人与生物圈自然保护区。

1991年，南思·史尔斯成立了一家公司——专门带游客来参观自己家的“后院”。她的公司力推荒野旅行、观鸟之旅、研究动植物之旅，游客在途中可观赏到壮丽的风景，了解当地人文历史、地质、动植物分布等情况。加拿大的农村生态旅游，由此走向大众化。

据调查，加拿大一般游客中有20.7%是大学生，而在生态旅游者中，尤其是农村生态旅游者中，这个比例达64.9%。农村生态旅游者受教育程度比大众游客要高。

美食之旅是加拿大农村生态旅游的一个突破点。加拿大各省区独特的气候、土质、水源、海洋潮汐及传统与现代化的耕作方法等，使农产品具有很大的地域差别，美食材料各具特色。加拿大旅行经营者根据游客的需要，把美食设计到农村生态旅游之中，除带游客品尝地道的农村美食外，还组织游客探寻美食材料的来源。美食与农村之旅的结合使农村生态旅游的文化内涵得到了丰富。如大不列颠哥伦比亚省与安大略省的“地区美酒之旅”、魁北克省的“果汁之旅”等。

加拿大各省还举办形式各异的农村节庆活动和主题农业之旅。如温哥华的田野节、纽芬兰省的草莓节、阿尔伯特省的南瓜节、魁北克省的风味国庆日、斯高沙省的苹果花节、曼尼托巴省和萨斯喀彻温省的秋收节等，以及魁北克省的“农夫生活之旅”、纽宾士域省的“蔬菜色拉之旅”、缅省的“乡村路之旅”等。以温哥华的田野节为例，活动场地周围是一大片田野，旅客可以一边享用刚采摘或新酿制的美食，一边欣赏现场乡村音乐。美丽的田园风光，菜香、果香伴随着新翻的泥土的气息，以及亲切热情的乡村音乐，给旅客的视觉、味觉、听觉带来了全方位的享受。

（二）美国

美国被称为“汽车轮子上的国家”，地广人稀，完善的高速公路网给美国人带来了方便，汽车已经融入了美国人的血液中。人们对于农村生活的向往、亲近大自然的心理和人口老龄化等原因，从 20 世纪 70 年代后期开始，美国的农村居民就开始发展农村生态旅游以缓解农业经济萧条带来的影响。美国人开车到大自然中旅游、露营是最常见的周末度假方式。随着城市人口向农村的大量涌入，美国农村生态旅游得到迅速发展。在高速公路沿线风景优美的地方建设房车或汽车露营地，成为北美农村生态旅游的一道风景线。目前，美国的房车营地已经超过 2 万个。

为满足自驾游旅客的旅游需求，美国农村生态旅游协会实施了特定属性的农村生态旅游产品开发战略，为促进农村生态旅游的健康发展，政府还制定了专门的法规，对观光农场的软硬件标准提出了严格要求。为方便游客，政府网站中经常会发布一些信息，去哪儿骑马、去哪儿采摘、去哪儿观鸟等信息会及时更新。同时，地方的农业协会组织也发挥了积极的作用。

美国农村生态旅游产品也已形成配套体系，内容包括：汽车营地、鸟类观赏、冰上垂钓、采摘新鲜蔬菜水果、绿色食品展销、乡村音乐会、以自然和冒险为基础的旅游等。

五、欧洲

欧洲既有着悠久的历史文化传统，又有着发达的现代经济。悠久的历史使各国的农村景观与文化传统丰富多样，发达的现代经济使人们具有较高的管理水平和环境保护意识。因此欧洲的农村生态旅游呈现出开发层次较高、各具特色的特点。

（一）英国

英国开发农村生态旅游开始于20世纪50年代，20世纪90年代得到快速发展，走向成熟。2003年，英国东南农村旅游集团成立（该集团是以伦敦为中心的英国最大的农村旅游集团），标志着英国农村生态旅游区域集团化的兴起。英国的农村生态旅游是多方位的，其最大的特点是高度的参与性和体验性。水上项目不再仅仅是躺在沙滩上沐浴阳光和沉浸于海滨农村的宁静，同时开发了划水、帆船训练、骑马等体育健身项目，提高了游客的参与度。英国的农村生态旅游高度发展，除了古堡、酒馆、农舍房屋的外部结构还保持着乡土风貌外，室内的陈设已高度现代化，网络等基本办公设备配备齐全，以便吸引外资投资，达到带动整个地区发展的目的。

英国乡村小镇

案例：

英国农村生态博物馆

英国民间有建立博物馆的历史传统，不仅城市、乡镇建有各种博物馆，而且几乎每个村镇都有自己的博物馆。有用来展示本地历史的乡土博物馆，也有用来展示特色物品的专项博物馆，如河谷农村、皇家海军、蒸汽船、海洋、铁桥、香水、钥匙圈等。许多农村博物馆不仅有丰富的藏品，有时还在传统节日举行丰富多彩的纪念活动或技艺大赛。如：参观蜡烛博物馆，游客会被邀请参与趣味蜡烛的制作，作品不仅可以自己保留作为纪念，还可以包装成礼物馈赠亲人；奶酪博物馆开展奶酪制作大赛，参赛者可将精心制作的奶酪带到博物馆一较高低。

（二）法国

法国20世纪70年代开始发展农村生态旅游。法国的农村生态旅游是由国家层面组织的促销网络来主导的。1953年，由省级农会主席与大区级农会主席组成的法国农会常设委员会（APCA）成立，它以保护法国农民的利益为宗旨，干预农业部、议会和其他行政机构的行政行为，是农民和农业界向法国政府及欧盟提出意见的代言人。1988年APCA设立了农业及旅游接待服务处，联合法国农会与互助联盟、法国农业经营者工会联盟、国家青年农民中心等专业农业组织，开发了“欢迎莅临农场”项目。这一项目是一种网络组织，把法国的农场划分为美食品尝、休闲和住宿三种类型。其中，这三大类型又细分成9种不同属性的农场，并颁发图标来作为引导标志。9种类型的农场分别是客栈农场、点心农场、农产品农场、骑马农场、教学农场、探索农场、狩猎农场、暂住农场和露营农场。

希望加入“欢迎莅临农场”网络组织的每一个农场都要向法国农业及接待服务处提出申请，待核准委员会审查和实地考察之后，方可成为组织网络的一员，并能够使用APCA所颁发的标志。法国政府每年组织一次为期两天的“欢迎莅临农场”博览会，向公众传达各种信息。而且，在农场经营时，农业及旅游接待服务处有权委托省级或大区级监督委员会对任意一个农场进行年度突击检查。APCA 每年都会编制新的“欢迎莅临农场”手册，将不合格的农场从手册中删除。被取消资格的农场，不可以再使用“欢迎莅临农场”的相关标志，尤其是不可使用有指示作用的引导标志。

法国全国统计及经济研究所（INSEE）统计资料显示，仅巴黎市郊的农村每年就接待游客 900 万人次，是卢浮宫参观游客量的 9 倍。

（三）意大利

意大利农村生态旅游的宣传语是：远离城市的喧嚣，投入大自然的怀抱。据统计，自 2000 年以来，意大利农村开展生态旅游的数目增加了 1 倍，为旅游者提供食宿娱乐休闲的绿色农庄已经超过 1 万个，游客量多达 120 万人次。农村生态旅游的经营者是农庄主，提供的项目有自然观光、骑马、品尝美味佳肴等。近一半的农户有自己的餐厅，另一些农户则提供餐具或者将游客请到家里吃饭，一起品尝当地美味。

（四）西班牙

除瑞士之外，西班牙是欧洲山脉最多的国家，拥有良好的自然条件发展农村生态旅游。目前，西班牙已成为欧洲发展农村生态旅游的典型。19 世纪 50 年代，西班牙的农村生态旅游开始兴起，乡村旅馆——作为农场经营者接待城市居民休闲度假的主要场所，是西班牙乡村旅游中一个突出标志。20 世纪 80 年代中期，农村生态旅游开始全面起步，1992 年，开始快速发展，乡村旅馆不断增加，成为西班牙农村生态旅游中不可或缺的组成部分。西班牙人十分重视农村生态旅游，西班牙人只有4%是农民，但农业产值十分高。过去5年，西班牙的农村生态旅游增长了93%，89%的游客都是西班牙本地人，也就是说，每年有超过200万的西班牙人离开城市去农村。

西班牙农村生态旅游促进了旅游产业的多样化发展。每个农村生态旅游活动都会与“阳光与海滩”的休闲旅游产业有所关联。然而，休闲旅游的显著特征为季节性，这导致夏季时，农村生态旅游劳动力供不应求，而到了冬季，由于进行农村生态旅游的游客变少，整个行业进入淡季，大量旅游从业人员失去工作，这造成了西班牙农村生态旅游的发展停滞不前。此时，西班牙政府发挥了重要作用。

西班牙政府为推进农村生态旅游经营者之间的合作，投入了大量资金建设农村基础设施，同时扶持农村生态旅游企业，提高其面对跨国公司的竞争力，促进农村生态旅游地开展整体推销和网络化经营，减免税收吸引个体经营者，充分发挥农村生态旅游协会的作用，70多个农村生态旅游协会之间通过信息、技术、培训、管理的沟通及合作，共同克服了农村生态旅游地季节性问题，促进了农村生态旅游的发展。其发展呈现出以下两个主要阶段：

第一阶段，着力建设乡村旅馆。1992年至1998年，西班牙政府对乡村旅馆建设进行全方位的投入，使农村生态旅游设施有了很大的改善。20世纪90年代，随着农村生态旅游的全球化，西班牙政府开始尽全力改善农村的基础设施，在政府的支持下，农业部门对农村道路、通信等基础服务设施进行改善，促进农业与旅游服务业的融合，优化农业产业布局，扶持乡村旅馆的建设，促进休闲农业的发展，以此来吸引更多游客。1992 年，西班牙共有 36 家乡村旅馆，现在，合法经营的已有 7000 余家。

西班牙度假村

第二阶段，塑造良好的农村生态旅游形象。1998 年以后，西班牙乡村旅馆已形成规模，农村生态旅游接待设施的数量已满足基本需求，生态旅游走上了从数量增长转向质量提升的发展道路，开始注重农村生态旅游形象的塑造。

农村生态旅游的发展不仅促进了西班牙农村设施及环境的改善，还促进了农村产业结构的优化。发展农村生态旅游给旅游目的地带来的好处主要有：

（1）完善了旅游目的地与旅游项目有关的各种设施，如酒店设施、道路交通、景点维护等。

（2）带动了目的地的经济发展。如原来不景气的企业，随着农村生态旅游的发展，有了新的市场，重获了生机；发展旅游促进了相关产业的发展，使旅游目的地的经济结构得到优化；旅游还为当地居民提供了就业岗位，因为为防外来人的房地产炒作，主管部门要求开办乡村旅馆的必须是本地人。

（3）促进了社会文化的发展。比如通过开展一些文化活动，使有着浓郁特色的节日活动被确立为国家级的旅游文化活动。

（4）保护了当地的总体环境。西班牙的人口多集中在沿海地区，通过将内陆环境条件优异的地区设立为国家公园，吸引了大批游客到内地度假，不仅使人口分布变得更均衡，而且实质上对当地总体环境特别是海滨环境起到了保护作用。

六、大洋洲

大洋洲，世界上最小的洲，位于亚洲和南极洲之间，西临印度洋，东和北临太平洋，并与南北美洲遥遥相对；它跨南北两半球，从南纬 47°到北纬 30°，共跨纬度 77°，南北最宽相距 8000 多千米；横跨东西两半球，从东经 110°到西经 160°，共跨经度 90°，东西最宽处相距 1.29 万千米。由一块大陆和一万多个岛屿组成。大陆面积 768.6 万平方千米，大陆和岛屿陆地总面积为 897 万平方千米，占全球陆地总面积的十六分之一。大洋洲有 14 个独立国家，本书主要讲述澳大利亚的农村生态旅游。

澳大利亚有丰富又独特的动植物资源，被称为“世界活化石博物馆”。是世界上畜牧业最发达的国家，有“骑在羊背上的国家”之称。据澳大利亚旅游委员会调查，1993 年到澳大利亚旅游的国际游客有 300 多万，相当大一部分人将澳大利亚的自然因素作为选择游览地的关键因素，而去国家公园和世界遗产区域的总游客量增加也体现了这一选择趋势。另外，1993 年 12 月受政府委托展开的一项调查显示，600多万成年澳大利亚人（占澳大利亚人总数的53%）想要在1994年去体验可以亲近大自然的旅游经历。因此，1994年3月，政府发布了《国家生态旅游战略》，这使澳大利亚旅游业可持续发展有了政策依据。同时，这也是世界上第一个国家生态旅游战略。

葡萄园

目前，澳大利亚主要农业生态旅游形式有葡萄酒体验游、农场休闲游、特色主体游等。以葡萄酒体验游为例，澳大利亚大部分葡萄酒庄园都开展了旅游业务，每年有来自全球各地的大量游客到偏远酒庄旅游。游客在这里既可以欣赏葡萄酒庄的田园风光、参观各种葡萄酒生产工艺流程，又可以自己动手采摘葡萄、在酿酒师的指导下亲手酿造葡萄酒。

澳大利亚农村生态旅游的发展经验主要有：政府注重对农村生态旅游的投入，各行业协会协同作用，有效开展对经营者的培训，坚持可持续开发。

虽然国际农村生态旅游的发展经验可以给我国相关从业者借鉴，但在我国农村生态旅游发展的过程中，不可以盲目模仿，要根据我国的现实国情和农村实际来具体分析、科学推进。

第三节 国内农村生态旅游的发展

一、我国农村生态旅游的发展脉络

（一）时间维度的发展

20世纪90年代农村生态旅游得到迅速发展。1994年，我国成立了“中国生态旅游协会”（CETA），1995年1月全国首届生态旅游学术研讨会在西双版纳顺利召开，大会发表了《发展我国生态旅游的倡议》。1996年6月国际生态旅游学术研讨会在武汉召开，推出了“井冈山生态旅游与次原始森林保护”、“承德市生态旅游”等生态旅游项目。1998年，国家旅游局将“华夏城乡游”确立为旅游活动主题，使“吃农家饭、住农家屋、做农家活、看农家景”成了旅游的新热点。至此，我国的农村生态旅游呈现出前所未有的迅猛发展势头，各种田园游、采摘节、农家乐等农村生态旅游形式如雨后春笋般在华夏大地涌现。如云南大理、丽江一些农村生态旅游发展较好的村镇，从事旅游相关业务的农民人数已经超过50%，与旅游业发展之前相比，农村的就业人数增加了近10倍，平均每户旅游经营者的年收入达40万元。

进入21世纪，国家对农村旅游的发展更加重视，提出了争创“全国农业旅游示范点”的活动。2004年1月，在河南召开了全国旅游工作会议，大会提出要将旅游业和解决“三农”问题结合起来，全力开发农村旅游资源，积极促进农村旅游发展。随着旅游业的深入发展和社会主义新农村建设的展开，农村旅游发展迅速。2004年7月，国家旅游局确立了全国首批农业旅游示范点203个。到2005年年末，全国农业旅游示范点已有329个，分布在31个省市自治区，在农、林、牧、副、渔各业中都树立了农业旅游发展的成功样板。2006年，国家旅游局又审核通过了第二批全国农业旅游示范点156个。

2006年3月，成都市获得“中国农家乐旅游发源地”的荣誉称号。作为当今中国农村生态旅游的一种主要形式，“农家乐”由此开始被人们重新认识。2006年7月，全国旅游工作会议在武汉召开，国家旅游局提出“通过发展乡村旅游，我国力争到2010年实现：每年新增农村旅游就业35万人，间接就业150万人；每年旅游业从业农民人均纯收入增长5%；在全国建成100个农村旅游特色县、1000个农村旅游特色乡（镇）、1万个农村旅游特色村”，全面促进农村生态旅游的快速发展。据统计，2006年，全国农村旅游景区（点）共接待游客3亿多人次，旅游收入超过400亿元人民币，农村旅游业已发展成农村经济的新兴产业。

2007年国家旅游局、农业部签署了共同推动全国农村旅游发展的协议，并联合开展农村旅游的工作调研。由此，学术界对农村旅游开始重视，我国农村旅游的发展开始有了更专业的理论支撑。2009年1月1日，国家旅游局与海南省人民政府在海南三亚联合举办2009年中国生态旅游年启动仪式，全国各地积极响应，纷纷推出精品旅游线路。2010年，农业部、国家旅游局决定开展全国休闲农业与乡村旅游示范县和全国休闲农业示范点创建活动。“从2010年起，利用3年时间，培育100个全国休闲农业与乡村旅游示范县和300个全国休闲农业示范点。这一百个示范县主要起到探索休闲农业与乡村旅游发展规律、引领全国休闲农业与乡村旅游持续健康发展的作用。”2015年我国农村生态旅游客流量达11亿人次，占全部旅客数量的30%，全年乡村旅游收入规模3200亿元，受益农民达3300万人。2016年1月27日，中央一号文件《关于落实发展新理念加快农业现代化实现全面小康目标的若干意见》发布。文件指出：

大力发展休闲农业和乡村旅游。依托农村绿水青山、田园风光、乡土文化等资源，大力发展休闲度假、旅游观光、养生养老、创意农业、农耕体验、乡村手工艺等，使之成为繁荣农村、富裕农民的新兴支柱产业。强化规划引导，采取以奖代补、先建后补、财政贴息，设立产业投资基金等方式扶持休闲农业与乡村旅游业发展，着力改善休闲旅游重点村进村道路、宽带、停车场、厕所、垃圾及污水处理等基础服务设施。积极扶持农民发展休闲旅游业合作社。引导和支持社会资本开发农民参与度高、受益面广的休闲旅游项目。加强乡村生态环境和文化遗存保护，发展具有历史记忆、地域特点、民族风情的特色小镇，建设一村一品、一村一景、一村一韵的魅力村庄和宜游宜养的森林景区。依据各地具体条件，有规划地开发休闲农庄、乡村酒店、特色民宿、自驾露营、户外运动等乡村休闲度假产品。实施休闲农业和乡村旅游提升工程、振兴中国传统手工艺计划。开展农业文化遗产普查与保护。支持有条件的地方通过盘活农村闲置房屋、集体建设用地、“四荒地”、可用林场和水面等资产资源发展休闲农业和乡村旅游。将休闲农业和乡村旅游项目建设用地纳入土地利用总体规划和年度计划合理安排。在政府的扶持与引导下，农村生态旅游将迎来更好的发展。

农家乐

在农村生态旅游蓬勃发展的过程中，我国环境保护部相继出台了《全国生态脆弱区保护规划纲要》、《关于加强土壤污染防治工作的意见》、《生物多样性公约》等一系列的规划、文件，明确了有关环境保护的主要任务：一是切实保护好重要生态功能区、生态脆弱区和自然保护区等与区域生态安全密切相关的重要区域，保证国家生态安全。二是充分利用生态省、市、县及环境优美乡镇、生态村等生态示范建设的活动推广，调动并整合地方和社会力量，推进城乡生态保护与环境治理。三是强化资源开发时对生态环境的监管，抑制新的环境破坏，将历史遗留的生态损害治理好，力争做到不欠新账、还清旧账。四是大力推动生态补偿机制建设，使其取得突破性进展，可以通过选取优先领域和区域，进行试点示范，实现重点突破。

（二）空间维度的发展

从空间上看，农村生态旅游目的地主要分布在大中城市的近郊，北京、上海、深圳、成都等城市周边涌现出了一大批乡土特色鲜明的农村生态旅游地。

20 世纪 90 年代，北京郊区的民俗旅游户与民俗旅游村以采摘果品菜蔬、垂钓、吃农家饭、住农家院、体验传统生活习俗等丰富多样的民俗旅游活动为卖点，吸引了大量游客，成为北京都市一族释放工作压力、放松心情、学习农业常识和接受淳朴民风熏陶的一种流行休闲方式。北京市近郊开展的主要有瓜果采摘园、花卉观赏园、垂钓乐园、农业科技园等体验休闲农业旅游形式，在远郊山区开展的主要是休闲疗养、民俗旅游等农村生态文化旅游。1996 年北京市将观光农业列为全市六大农业产业之一；1998 年北京市政府编制了《北京市观光农业发展规划》；2001 年北京市观光农业项目已达到 1589 项，每年可接待游客 2856 万人次，观光农业收入达 17 亿元。如今，已成一定规模的观光农业园有：海淀区“锦绣大地农业观光园”、大兴区“庞各庄西瓜园”、昌平区“小汤山农业科技观光园”、门头沟区“妙峰山樱桃园”等。还开发了房山西庄子村、怀柔神堂峪村、密云遥桥峪村、昌平菩萨鹿村等民俗文化旅游村。

上海农村生态旅游发展较早。截至2013年底，上海已建成各类农业旅游景点245个，其中年接待规模万人以上的景点96个，年接待游客2019.34万人次；涉农旅游总收入13.63亿元，其中农副产品销售收入6.2亿元；解决农民就业32655人。

目前，上海的农村生态旅游大体上已经形成了五种发展模式：一是农家乐型。旅游活动内容主要以吃农家饭、住农家屋、享农家乐、体验耕种垂钓等农事活动为主，较有代表性的有崇明县前卫村、浦东新区书院人家、金山区廊下新天地、嘉定区毛桥村。二是观光农园型。主要是开发特色种植业、养殖业资源，举行农园观光游。具有代表性的有宝山区假日田园、奉贤区都市菜园、上海鲜花港等。三是农业园区型。主要是对原有的市区两级农业园区进行再开发，开展融观光、休闲、采摘、科普推广展示于一体的体验活动，典型代表有松江五厍现代农业园区、金山区廊下现代农业园区、上海孙桥现代农业开发区等。四是休闲农庄型。主要以农村生活场景、农业生产过程为主要内容，集休闲、餐饮、娱乐、求知、教育等功能为一体的综合性的休闲农庄，游客可以在这里休闲度假，典型代表有闵行区陶家湾休闲农庄、松江区浦江源温泉农庄等。五是民俗文化村型。主要是具有民族文化元素的特色村庄开展文化体验游，典型代表有崇明县三民文化村、卫斯嘉闻道园。

四川省成都市郊区的农村生态旅游也发展得较为成熟，目前已有休闲旅游点近5000家，年接待游客1.5万余人次，旅游业已成为当地农业经济的支柱产业。

我国台湾地区很早就在推进农村生态旅游的发展，通过制定优惠的政策、设立专门的机构、合理布局等促进作用，现今，农村生态旅游已成为农村经济的支柱产业。

20 世纪 80 年代，台湾地区开始意识到农村生态旅游这种既不影响农业生产，又集观光、休闲、度假于一体的新型产业是增加农民收入、推动农业经营、促进农村经济发展的有效手段。

近年来，台湾地区农村生态旅游的规模和种类都有不同程度的拓展。从地理分布上看可以分为两种类型：近郊型农村生态旅游和远郊型农村生态旅游。近郊型农村生态旅游位于都市周边，农村文化与城市文化具有一定的融合性；远郊型农村生态旅游离城市较远，有浓郁的乡土气息，游客在这里可以得到一种返璞归真的体验。台湾地区，比较著名的农村生态旅游景区有：莺歌老街、鹿港小镇、大溪老街、安平老街等古镇村落；可以前去品茗和观看茶艺表演的阿里山茶乡、台东鹿野茶乡、日月潭鱼池茶乡；宜兰太平山、清境农场、花莲太鲁阁等特色民宿；苗栗飞牛牧场、苗栗大湖酒庄、冬山河等休闲农庄；充满田园风光的沐心泉金针花海、花莲六十石山、稻米有机村等。

截至 2014 年年底，台湾地区休闲农场已达 1300 多家，合法经营的民宿（农家乐）6000 多家，休闲农渔园 300 多个，观光农园近 400 个，教育农园 141 个，市民农园 66 个。

案例：

雾上桃源——清境农场

清境农场位于我国台湾省南投县仁爱乡，面积约有760公顷，年平均温度约16℃，早晚温差（2～5)℃。清境农场坐落在群山之间，身在其中，只觉山岚云雾缥缈，万朵桃花媲美云霞，所以清境农场有“雾上桃源”的美称。

该农场将自然景观与农牧生产相结合以发展休闲农业，设有宾馆、青青草原、畜牧中心、旅游服务中心、游客休闲中心、寿山园生态区、清境小瑞士花园、特色步道等来满足游客的旅游需求。

清境小瑞士花园年平均温度为（15～23)℃，是台湾地区最佳的避暑胜地，随着四季的变化，开展各种主题不同的旅游活动。在园区内，你可以和世界上任何一种奇花异草不期而遇。这里的自然休闲景观充满欧洲风情，在广场品尝熏衣草花茶套餐，让人觉得自己就是那置身于欧洲花园啜饮花茶的王室贵族。园区主要景点有挪威森林广场、欧式喷泉花园、阿尔卑斯双塔、清境观景台、主题花园、如茵桥、印地安花屋、天鹅湖、幽谷溪瀑、亲水健康步道、落羽松步道、野营服务站、星空野营区、香花植物区、赏枫区、摸鱼区等。而且，花园设有大型停车场、精致餐饮中心、露营烤肉区、露天咖啡广场、纪念品经营中心等。风景迷人，是一座真正的世外桃源。

清境农场划分有几个主要的功能区，“绵羊区”饲养世界各

清境农场

种类的羊，如黑山羊、黑肚绵羊、黑肚绵羊和台湾乳用山羊，模样都十分招人喜欢；“牧牛区”则饲养荷兰牛、德国黄牛、夏洛利、布拉曼、安格斯、圣达肉牛、日本和牛等，让您认识来自全球各地的牛种；“高冷蔬果区”分高冷蔬菜区和温带水果区，分别种植高丽菜、大白菜、菠菜、碗豆苗、翠玉白菜等新鲜蔬菜，以及奇异果、加州李 、水梨、水蜜桃、苹果等香甜水果，游客在这里可以吃到最新鲜的果蔬；“高山花卉区”遍植各种百合、海芋、郁金香及其他温带花卉。

六大步道分别是：茶园间的翠湖步道、入口处的畜牧步道、可以享受森林浴柳杉步道、一赏落日余晖落日步道、攀援而上的步步高升步道、很多人慕名而来的玛格丽特步道。清境农场六条步道行走所需的时间从半小时到一小时不等，每一条步道都别具特色，在清晨和傍晚漫步于步道中，桃源之美目不暇接。

2015 年，农业部和国家旅游局继续开展了全国休闲农业与乡村旅游示范县、示范点创建活动。获得认定的全国休闲农业与乡村旅游示范县 68 个，分别是：

北京大兴区

天津市武清区

河北省临城县、唐山市丰南区、承德市双桥区

山西省平顺县、太谷县

内蒙古自治区呼伦贝尔市阿荣旗

辽宁省大洼县、盖州市

吉林省辉南县、蛟河市

黑龙江省哈尔滨市阿城区、穆棱市

江苏省大丰市、海门市、沭阳县、南京市溧水区

浙江省天台县、开化县、德清县

安徽省黄山市黄山区、泾县

福建省松溪县

江西省南昌县、上犹县、浮梁县

山东省青州市、曲阜市、枣庄市山亭区

河南省商城县、孟津县、封丘县、遂平县

湖北省英山县、南漳县、咸丰县

湖南省浏阳市、郴州市北湖区、耒阳市

广东省大埔县、南雄市

广西壮族自治区蒙山县、陆川县

海南省定安县

重庆市铜梁区、万盛经济技术开发区、开县

四川省泸州市纳溪区、江油市、西充县、雅安市

贵州省安顺市西秀区、江口县

云南省泸西县、盐津县

西藏自治区江孜县、乃东县

陕西省留坝县

甘肃省和政县

青海省海东市乐都区

宁夏回族自治区平罗县

新疆维吾尔自治区泽普县、昭苏县

大连市旅顺口区

青岛市崂山区

宁波市象山县

新疆生产建设兵团第八师 150 团

获得认定的全国休闲农业与乡村旅游示范点有 153 个，分别是：

北京市

中农春雨休闲农场

欧菲堡酒庄

花仙子万花园

平谷区大华山镇挂甲峪村

七彩蝶园

天津市

蓟县穿芳峪镇大巨各庄村

蓟县渔阳镇西井峪村

武清区大碱厂镇南辛庄村

宝坻区泰泽康休闲农业示范园

北辰区双街镇双街村

河北省

乐亭丞起颐天园现代农业园

秦皇岛抚宁县仁轩酒庄

易县狼牙山万亩花海休闲农业园

广平县安居农庄

卢龙柳河庄园

山西省

长治长子县方兴现代农业园区

晋中市太谷县美宝农业观光园

灵丘县红石塄乡上北泉村休闲农业与乡村旅游示范点

万荣县晋汉子农庄

内蒙古自治区

呼伦贝尔市阿荣旗东光村

赤峰市元宝山区和润农业高新科技园区

鄂尔多斯市乌审旗内蒙古萨拉乌苏生态农业示范园区

兴安盟阿尔山市白狼镇林俗村

辽宁省

沈阳新大地休闲农业园区

丹东馨艺度假山庄

清原满族自治县大苏河乡南天门村

盖州市美然风景旅游度假园区

吉林省

长春市国信现代农业科技园区

辽金时代观光园

吉林市鸣山绿洲生态旅游度假村

隆达生态农业观光园

黑龙江省

绥芬河市蓝洋农业生态观光园

伊春市新青区松林户外风情小镇

街津口赫哲族壁画小镇民俗体验区

嘉荫县向阳乡茅兰沟村

绥化市经济开发区阳光休闲山庄

上海市

金山区吕巷水果公园

崇明县西来农庄

崇明县光明食品集团瑞华果园

江苏省

无锡市惠山区阳山镇

南京市栖霞区桦墅村

泗阳县大禾庄园

连云港市赣榆区谢湖有机茶果观光基地

东台市生态苗木示范园

浙江省

长兴县城山沟桃源山庄

舟山市普陀区展茅街道干施岙股份经济合作社

温岭市四季生态农业园

丽水市庆元县莲湖休闲农业综合体

嵊州市飞翼生态农业园区

安徽省

岳西县大别山映山红文化大观园

潜山县天柱山卧龙山庄

黄山市黄山区汤口镇山岔村翡翠人家

水墨汀溪风景区

和合生态农业科技示范园

福建省

闽侯县龙泉山庄

长泰县马洋溪生态旅游区山重村

南安市皇旗尖休闲茶庄园

福安市新坦洋天湖山茶庄园

福州市相思岭现代农业科教观光园

江西省

南昌县湖光山舍田园农庄

武宁县阳光照耀 29 度度假区

吉安市井冈山国家农业科技园

浮梁县景德镇双龙湾农业生态园

赣县寨九坳风景区

山东省

邹城市石墙镇上九山村

荣成市健康集团休闲农业示范区

临朐县石门坊寨子崮乡村旅游示范区

临邑县“红坛寺省级森林公园”

淄博市博山区池上镇中郝峪村

河南省

禹州市泓硕农业生态园

临颍县南街村

漯河市西城区沙澧春天现代农业园区

长垣县胜雪高新农业园区

巩义市夹津口镇韵沟村

湖北省

孝感市孝南区新建源生态农庄

十堰生态农业科技示范园

荆州市荆州区太湖港管理区桃花村

钟祥市中国汇源农谷嘉年华生态体验旅游区

武穴市希尔寨生态农庄

湖南省

郴州市北湖区爱尚三合绿色庄园

中方县南方葡萄沟

桃源县乌云界花源里生态休闲农业示范园

长沙县慧润农庄

益阳市大通湖区锦大渔村

广东省

博罗县农业科技示范场

珠海市金湾台湾农民创业园

佛山市高明区盈香生态园

新兴县天露山旅游度假区

湛江市麻章区南亚热带植物园

广西壮族自治区

南宁市西乡塘区石埠·美丽南方休闲农业旅游区

贵港市覃塘区“荷田水乡”乡村旅游示范点

玉林市“五彩田园”现代农业示范区

恭城县莲花镇红岩农家乐旅游点

东兴市江平镇万尾村

海南省

海口兰花产业园

三亚槟榔河国际乡村文化旅游区

重庆市

荣昌区万灵山旅游度假区

云阳县三峡库区峻圆生态休闲观光产业园

石柱县八龙莼乡休闲农业示范园

奉节县长龙山山地观光农业示范区

忠县金色杨柳生态旅游观光区

四川省

彭州市葛仙山休闲农业与乡村旅游景区

自贡市百胜生态农业体验园

绵竹市中国玫瑰谷

成都市新都区花香果居

简阳市贾家东来桃源

贵州省

凯里市云谷田园休闲观光农业示范园

安顺市西秀区旧州镇生态文化旅游园

盘县娘娘山高原湿地生态农业示范园区

水城县猕猴桃产业示范园区

务川县洪渡河旅游休闲点

云南省

昆明石林台湾农民创业园

腾冲县界头镇

文山州普者黑玫瑰庄园

澜沧县芒景帕哎冷茶叶农民专业合作社

普洱市云南斛哥庄园

西藏自治区

昌都市八宿县然乌镇

昌都市察雅县吉塘镇吉塘居委会

阿里地区扎达县托林镇扎布村

那曲地区班戈县青龙乡五村

陕西省

张裕瑞那城堡酒庄

泾阳县龙泉山庄

西安市白鹿原葡萄主题公园

榆林市瑞丰生态庄园

洋县朱鹮有机农业示范观光园休闲农庄

甘肃省

金塔县航天神舟休闲生态园

华池县南梁红色旅游小镇

景泰县红砂岘农业生态园

定西市金源水保生态观光农业示范园

武威市凉州区清泉农业大唐葡萄园

青海省

湟源县醋博园

湟中县青绿元生态农庄

西宁市青海高原酩馏影视文化村

德令哈市现代农业示范园区

宁夏回族自治区

银川市金凤区宁夏森淼生态旅游区

吴忠市利通区吉水湾休闲村

平罗县陶乐天源庙庙湖自然生态区

新疆维吾尔自治区

哈密市贡瓜休闲观光园

尉犁县兴平乡达西村

新源县那拉提镇阿尔善休闲农庄

阜康市城关镇美丽冰湖休闲观光采摘园

布尔津县阿山鹿王文华苑

大连市

旅顺口区水师营街道小南村

瓦房店市东马屯农业生态园

金州新区金渤海岸蚂蚁岛国际旅游度假区

青岛市

莱西市沽河休闲农业示范园

黄岛区海青镇茶业生态示范区

宁波市

余姚市九龙湾乡村庄园

厦门市

同安区顶上人家

集美区宝生园

新疆生产建设兵团

第四师 69 团香极地香料植物观光园

第四师 70 团伊帕尔汗薰衣草观光园

第十师 183 团芦花湖观光农业示范区

二、主要的发展阶段

受我国区域经济发展不平衡的影响，我国农村生态旅游的发展水平也是参差不齐的，有些十分成熟，有些则刚刚起步。这也与我国多样化的地理环境造成的农村产业结构的差异密切相关。

农村生态旅游产品及农村生态旅游产业的发展过程，体现出农村生态旅游经历了自发、培育、成型三个阶段。

自发阶段，即农民根据社会需求、市场需求，在服务观光、休闲旅游、增加经济收入的意识驱动下，自发启动诸如农家乐、果园采摘等旅游活动。培育阶段，即借鉴并吸取成功的、典型的农村生态旅游经验，在农村生态旅游（农村旅游、生态旅游）的理念指导下，通过产业结构调整和农村生态旅游资源的整合，巩固和发展壮大农家乐、果园采摘，并开辟和培育新的旅游产品。成型阶段，即逐渐形成成型的农村生态旅游产品和产业，有较为稳定的客流量和收入。

三、常见的发展模式

在我国近 30 年的农村生态旅游的发展历程中，逐渐形成了六种发展模式。

（一）田园农业生态旅游模式

以农村自然景观、农民生产活动场景为旅游吸引，开发农乡游、渔乡游、果乡游、水乡游、花乡游等不同特色主题的旅游活动，满足了游客回归大自然、体验农村淳朴生活的心理需求。常见类型有：园林观光游、田园农业游、务农体验游、农业科技游等。

（二）民俗风情生态旅游模式

以农村特有的风土人情和民俗文化为旅游吸引物，充分挖掘农耕文化、农村地域文化和民俗文化特色，开发农耕展示、时令民俗、民间技艺、民间歌舞、节庆活动等旅游活动，增加农村生态旅游的文化内涵。常见类型有：农耕文化游、乡土文化游、民俗文化游、民族文化游等。

案例：

民俗文化旅游村——潍坊杨家埠旅游开发区

潍坊杨家埠是一个充满农村氛围，民间工艺和民俗风情浓郁的民俗文化旅游村，把以杨家埠风筝、年画为重点的旅游与文化相融合，定位于“建设中国民间艺术遗产村庄”，深度挖掘传统民俗资源——木版年画的文化内涵，使传统的民间艺术在农村生态旅游蓬勃发展的背景下焕发出新的生机和活力。杨家埠以风筝、年画为主题打造优质的旅游服务产品，旅游区每年接待中外游客达50万人次，以风筝、年画为主题的上百种旅游文化产品每年可售卖1000多万元。

杨家埠旅游开发的起步阶段把大观园作为旅游开发的核心内容，以民风、民俗为主题，风筝、年画为主导，凭借浓郁的乡土气息，独特的民风民情，吸引了我国港澳台地区，以及日韩、东南亚的数十个国家的游客前来观光旅游。游客既可以在风筝博物馆和年画博物馆体验做风筝、制年画的乐趣，又可以在杨家埠明清时期古村落、古店铺一条街、文物馆、民俗馆、嫦娥奔月台、古槐等十多个景点领略到明清时期杨家埠人的生产生活方式，体味杨家埠人古朴的民俗风情。

近年来，游客更加注重农村生态旅游产品的真实性，杨家埠针对这一现象，以更好地促进传统手工艺和展示农村文化习俗为目标，创新了旅游产品，重点开发人类学中的“观察”、“走访”、“体验”的“田野作业”程式——“深度旅游”，打造杨家

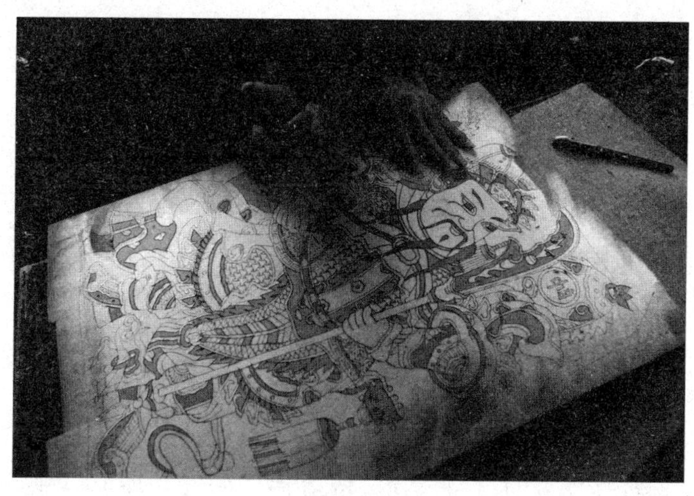

制作年画

埠民俗旅游“核心产品”，开展如“入户”旅游、走访民间作坊和手工艺传人的旅游活动。游客们入户观摩，走进民间作坊，现场参与体验风筝的扎制过程、年画的制作工艺，不仅感受到了浓郁的乡土气息和朴实自然的民风，增加了对地方特色的感知与认知，而且还使年画这种古老的传统工艺在民间得以真正的推广和传承。

（三）农家乐生态旅游模式

指的是农民利用自家庭院、自产农产品和周围的自然风光、村落景点，吸引游客前来吃、住、玩、游、娱、购等。常见的类型有：民居型农家乐、农业观光农家乐、农事参与农家乐、休闲娱乐农家乐和民俗文化农家乐等。

（四）村落乡镇生态旅游模式

以古村镇宅院建筑、新农村建筑为旅游吸引物，利用农家庭院、乡土建筑、村庄绿化、街道格局、工农企业来开发观光旅游，吸引游客进行休闲旅游。常见类型有：古民居和古宅院游、古镇建筑游、民族村寨游和新村风貌游等。

（五）休闲度假生态旅游模式

依托自然优美的田园风光、舒适怡人的气候环境、独特的地热温泉、环保生态的绿色生活空间，结合村落的主要景观和民俗文化，建设一些休闲娱乐设施，为游客提供度假、体验、娱乐、康复等服务。常见类型有：休闲度假村、休闲农庄和农村旅馆等。

（六）科普及教育生态旅游模式

利用农业产品展览馆、农业科技生态园和农业博物馆等，为游客提供了解农业发展、学习农耕技术、增加农业知识的旅游活动。成功案例有沈阳市农业博览园、广东高明蔼雯教育农庄、山东寿光蔬菜博览园等。

案例：

农业观光旅游圣地——寿光蔬菜高科技示范园

山东寿光蔬菜高科技示范园，是国家级农业科技园区，以别致的欧式建筑、智能控制的工厂化育苗、引领潮流的现代温室、科技领先的克隆工艺、丰富多样的品种展示等为旅游吸引物，吸引了大量游客慕名而来。每年4月20日至5月20日，寿光蔬菜高科技示范园都会举办国际蔬菜博览会，都会吸引国内外大量宾客参会参展，是现代农业观光旅游考察的重要形式。示范园内有供游客一览全景的观景台；在游客接待中心播放着介绍园区详细情况的宣传片；在智能化育苗温室、自动化播种车间、科学种植模式展示厅，游客可以观看现代农业的科学种植模式，如有机质栽培、沙培、无土栽培等；在冬暖式大棚区、园艺种植展示厅、蔬菜加工包装区，游客还可以参观蔬菜的种植模式及加工技艺等。另外，还有中华牡丹园、弥河民俗观光区等游览景区。

冬暖式大棚区

潍坊寿光将农业高新技术与农村生态旅游发展有机结合，既打造了“寿光蔬菜高科技示范园”品牌的农村生态旅游品牌，又提高了当地农业的科技含量与现代化水平，带动了现代高科技农业博览园等农村生态旅游产品的发展，开创了农村特色经济村的开发模式，已成为国家4A级旅游景区。

第四节　我国农村生态旅游发展面临的问题

在我国，随着农村生态旅游的深层次发展，出现了一些较为普遍的问题。农村生态旅游为当地居民带来福利的同时，也给当地旅游业的可持续发展带来了严重的威胁。

一、科学规划不到位

我国大部分地区的农村生态旅游业尚处于自发成长的导入期向成长期过渡的阶段，因为没有统一规划，造成盲目开发和过分追求经济利益的不良后果。

我国的农村生态旅游开展得本来就晚，经营者没有认真分析本地的资源优势和客源市场，在如何开发上没能建立起完整成熟的体系，盲目发展农村生态旅游，忽略了请专业的环保和生态保护工作者参与。未能突出自己的特色，致使同一地区内项目建设重复，最终造成因低层次开发导致的产品品位不高，配套设施及环境氛围较差而逐渐衰落，最后只能停业。究其根本原因，正是没有整体规划，或者是整体规划不到位所致。

二、经营管理过于粗放

农村生态旅游的经营者，主要以农民家庭为单位，进行个体分散经营，旅游业专业人才资源匮乏，从业人员素质有待提高。农民群众有开展旅游活动的积极性，但政府对发展农村生态旅游尚未制定惠民政策，也没有制定休闲农业管理、农村生态旅游管理、农村民俗文化旅游管理、“农家乐”管理等相关管理条例。经营者通常会只看到短期经济利益而忽视生态环境保护的重要性，加之由于开发前的规划没有到位，造成后期无序经营现象严重。没有相关政策、法规引导，导致难以管理。经济利益上多头管理、各自为政，出现问题后互相推诿，无人承担责任，严重影响了农村生态旅游的可持续发展。

三、旅游产品不丰富

目前，农村生态旅游尚未深入挖掘农村生态旅游资源和民俗文化内涵，开展的旅游项目大多是观光、采摘、垂钓等，主要是满足游客的物质需求，缺乏精神产品和必要的氛围。农村生态旅游产品单一，没有精品，重游率低，与现代农村生态旅游市场的需求不相符。一些“农家乐”游客大多数只进行玩扑克、唱卡拉OK、聊天等项目，缺少体验、休闲项目，无法满足多层次游客特别是少年儿童的好奇心和求知欲。

四、基础设施不健全

一般来说，农村生态旅游地区大多位于城市周边和经济发展水平比较低的农村，没有充足的资金改善基础设施，现有的基础设施无法满足游客的需要。旅游区道路、洗手间、停车场等公共设施简陋甚至严重缺乏，客房、餐馆、茶楼等旅客接待场所设施条件差，水电供应难以保障，安全条件差，卫生状况和设施条件让游客难以接受，导致整体的吸引力大打折扣，难以留住游客。

农村厕所

五、环境污染严重

我国农村生态旅游业发展迅猛，多数旅游区都没有科学系统的管理，再加上我国人口众多，游客素质参差不齐，游客给景区带来生活污水、生活垃圾、固体废弃物，导致旅游业发展的过程中形成巨大的环境保护压力。环境污染日益严重，极有可能造成生态系统失去平衡。而且游客数过多时，商店等服务设施也会随之增多，使景点建筑的整体风格被破坏。从长远看，其实这对农村生态旅游的发展会造成非常不利的影响。怎样协调是景区发展面临的一大难题，实际上，国内许多农村生态旅游景区的生活垃圾随处可见，清理这些垃圾要耗费大量的人力、物力、财力。由于农村生态旅游的发展基础正是当地的自然环境和人文环境，所以生态环境本身是十分重要的。为了维护景区良好的生态环境，就不能让它承担巨大的压力，以防超出环境的自我调节能力。

第三章 农村生态旅游的规划

第一节 农村生态旅游规划的涵义与特点

一、农村生态旅游规划的涵义

（一）生态旅游规划

生态旅游规划是旅游规划的一个分支，根据旅游规划理论与生态学的观点，生态旅游规划是在调查研究的基础上，将生态学的相关理论与一般旅游规划理论相结合，生态旅游规划是以可持续发展为指导原则，通过对生态旅游未来发展的构想与安排，将旅游者的旅游活动和环境特性有机地结合起来，在结合不同的景观设计和自然学科的基础上，进行生态旅游资源与市场的优化配置和生态旅游活动在空间环境上的合理布局，以寻求生态旅游业对环境的保护和对人类的最大贡献，为生态旅游制定发展目标和相应的实施方案，保持生态旅游业永续、健康地发展与经营。

（二）农村生态旅游规划

农村生态旅游规划是综合生态旅游和农村发展两个维度的综合性旅游开发理念，是根据农村生态旅游发展规律和市场特点制定目标，是指在生态理念指导下对农村生态旅游资源进行配置、调整和对旅游空间进行功能定位的各项旅游要素的统筹部署和具体安排。

二、农村生态旅游规划的特点

农村生态旅游规划，是旅游规划在地域上的具体体现，和旅游规划的特点在本质上是相通的。总的来说，农村生态旅游规划代表了当前规划的方向，是现代规划思想的集中反映与体现，农村生态旅游规划既有一般旅游规划不可缺少的特点，还具有三个独特的特点。

（一）生态性

生态旅游强调对于旅游对象的保护，强调旅游项目和设施的生态美。明确反映出保护自然的要求和责任。生态旅游所包含的地区应该是很多生态系统综合在一起所组成的，各生态因子是相互关联、相互依存和相互制约的，因此这个庞大的生态系统运行时是遵循生态学的物质循环以及能量转换规律的，其中一个因素发生了变化，其他因素就会难以抑制地出现连锁反应。虽然自然界生态系统的发展是趋向于使内部保持一定的平衡，它本身在一定程度上有很强的自我调节与自我平衡能力时，以抵御和适应外界的变化。但是一旦生态旅游规划出现质量问题，旅游开发的时候造成的改变超出了生态系统的自我调节能力时，旅游环境就会受到破坏，生态旅游业就会受到影响。因此规划的时候必须考虑生态学规律，控制外界干扰程度，合理利用自然生态系统，在资源开发和规划方面制定出一套完整科学的理论体系，以免给生态系统带来动荡与破坏，实现人与自然的和谐共处。

（二）整体性

生态旅游规划应该注意整体性。生态旅游不同于传统的旅游，追求的是社会、经济、生态三个效益的整体效益。要从社会、经济和生态三个方面的共同效益去考虑，将社会、经济以及生态这三个方面的效益扩展到最大，在进行生态旅游规划时，从系统论的观点出发，科学计算经济、社会和环境三者之间的成本与效益关系，把生态旅游活动与环境承载力、社会经济发展、环境保护等多个因素联系在一起，实现整体优化利用。

（三）特色性

虽然一般旅游规划也要求有特色，但是农村生态旅游规划的特色应该更加突出。这是因为旅游者在进行生态旅游的时候，更加喜欢在与环境的和谐相处中得到美好的体验。如果生态旅游产品没有特色，生态旅游者求新、求异的需求就会得不到满足，进而影响效益，所以，在规划生态旅游景区的时候，一定要将其本身的特色发挥出来，一定要充分发挥旅游资源的潜力。不管是文化内涵还是自然生态系统与众不同的特点，都可以作为它的特色，做出适销对路、特色鲜明的生态旅游产品，以满足旅游者环境教育、休养、疗养、保健等多种旅游需求，实现从市场中攫取一块蛋糕，并且稳定生存下去的目标。

第二节　农村生态旅游规划的内容

一、环境容量规划

环境容量指环境承受能力，农村生态旅游的发展受环境容量制约，在进行规划时，必须考虑到。环境容量由生态承载量、资源空间承载量、心理承载量、经济承载量等四项组成，一般量化为旅游地可接待的旅游人数最大值。在旅游开发和利用过程中，应遵循环境容量这一基本规律，预防过度开发后对环境以及旅游资源的过度使用。

从旅游目的地的角度来看，旅游容量是旅游目的地在开发旅游业的消极影响之前所期望吸引旅游者的能力，是所期望的最大游客数而非实际能够吸引的人数。从游客角度来说，当旅游业资源利用超过一定限度时，旅游者会认为这种利用超过了合理的程度，原有的好奇心和兴趣会一扫而光，因而他们将去其他旅游目的地，从而导致该地游客整体数量的下降，它是旅游者改变旅游目的地之前所能够接受的最低享受程度。所以在农村生态旅游规划时一定要根据实际情况进行环境容量分析。

在制定旅游总体规划时，要对农村生态旅游的土地资源、生物资源以及与环境质量有关的各类资源进行细致的调查，以便在旅游活动的开展对环境造成损害时，能有必要的应急条件，能够采取有效的措施，减少或消除污染源，加强对环境质量的监测。因此要加强对农村生态旅游地的环境容量问题的认真研究，在旅游区的环境容量尚未确定时，一定要控制旅游开发的速度。对一些须要重点保护的景区，一定要控制游客进入的数量，即便是大众旅游区，也应严格控制并避免超容量吸引游客。因为，环境容量是有一个限度的，一旦破坏就很难修复，如果旅游资源的利用超过了环境容量，导致生态环境受到严重破坏，再来治理就不得不付出更大的代价，而有些是根本无法挽回的。

二、开发战略规划

在编制生态旅游业的开发战略时，出发点应该是体验与保护，视各地的具体情况在战略重点、战略目标方面明确规划，在规划中要先行规定战略重点。在战略目标方面，不仅要将接待游客数和经济收入作为目标，还要将环境保护、生态旅游形象等作为战略目标加以规划与设计。

三、生态旅游项目和产品设计

制定农村生态旅游规划的中心环节便是生态旅游项目和产品设计，它代表着规划水平的高低。

任何生态项目和产品的确定都要以体验生态美和保护环境为

宗旨。特别是在保护环境方面，设计绿色的旅游项目和环境友好型产品，体现着农村生态旅游规划的理论水平。这种设计不仅会让农村生态旅游者得到身心上的享受，还能对动植物加以有效的保护。在体验生态美方面，要设计一些符合当地特色、充满时尚气息、限量版的生态产品，指导游客合理欣赏和参与。生态旅游产品通常包括生态旅游目的地（景区）、旅游项目和生态旅游线路三部分。

四、当地社区参与和文化保护规划

参与式规划一直是规划所倡导的主要方法之一，农村生态旅游也应如此。

倡导旅游目的地社区参与，使当地居民得到效益，从而积极开展对旅游资源的保护，实现“双赢”，这是农村生态旅游的核心特征之一。想要实现当地社区的参与，就要保证利益的公平分配并进行必要的教育培训，只有在保证利益公平分配的前提下，开展环境素质教育，才能调动当地社区居民参与的热情。

五、保障体系规划

旅游管理、人力资源、政策法规、环境保护、教育培训构成农村生态旅游的保障体系，这是地区规划后想要发展所必需的条件。农村生态旅游的经营者通常是当地人，其受教育程度较低，为了适应农村生态旅游的发展，一定要有充足的人力资源，尤其是旅游人才，以便为地区旅游业的发展提供合格的劳动力和智力支持，这关系着地区旅游业的长足发展。必须确保充足的旅游人才，制定人才培训计划，确立人性化的旅游人才政策，扩充旅游师资队伍，对旅游人才进行考核，提高旅游服务水平。

第三节　农村生态旅游规划的原则

想要顺利地开展农村生态旅游规划，还须要明确到底应该遵循什么原则。农村生态旅游规划在遵照执行传统旅游开发原则的基础上，还要注意遵循和强调下列原则。

一、保护优先原则

农村生态旅游开发必须以保护农村的自然资源和生态环境为前提，不管进行什么样的开发活动，都要平等地对待规划区内的各种资源，尽量保护好其存在和活动的环境，宁可限制农村生态旅游业的发展规模和速度，也不能以破坏农村资源环境为代价。对景区内部的自然环境、动植物、生态系统实施严格的保护措施，创造一种人与自然和谐共处的状态。在规划时，应将保护优先贯穿于农村生态旅游的全过程，包括从农村生态旅游资源的开发到生态旅游项目与设施的建设，从社区居民开展旅游经营活动到旅游者进行各项旅游活动，从资源的利用到废弃物的处理等所有环节。

二、整体协调原则

农村生态旅游规划的对象是一个整体的农村地域，而要获得整体效益就要将农村所有的旅游资源系统化。以系统生态理论为指导，农村生态旅游规划必须遵循综合协调原则。农村生态旅游在进行规划时，要采取多种形式，普遍征求利益相关者的意见，除了要考虑旅游六要素的整体效益，更要保证经济效益，同时不能忘记其社会效益与生态效益的实现，以求最好的规划效果。同时，协调好生态旅游业与当地其他产业的关系，整合农村聚居环境自然生态、农业与工业生产和生活建筑三大系统。同时要注意三个基础系统的相互交汇，确保为旅游者设计的旅游活动、旅游开发后当地居民的生产和生活活动的变化与生态环境相融合，以更好地实现人与自然的和谐，促进农村生态旅游业持续健康发展。

三、可持续发展原则

促进农村旅游业的可持续发展是农村生态旅游规划的出发点，是未来农村生态旅游发展的核心，因此，规划的时候一定要注重可持续发展。应突出强调对生态环境和特色文化的优先保护，确保开发力度在环境与社会的承载力之内，保证旅游资源可以代代相传，长期存在。不为局部或眼前利益所驱动，保证代内公平与代际公平，以长远的、发展性的目光去规划和发展生态区。

四、特色性原则

经过生态旅游规划所打造的旅游产品应该具有鲜明的生态特色，根据当地的自然环境以及人文因素来进行设计，保护当地特色文化的传承，鼓励地方工艺品生产，保留民族性和乡土性，避免造成文化冲击和文化污染，避免把现代化建筑移植到景区，尽量减少人造景观，尽量保持生态旅游资源的原始性和真实性，规避千篇一律、低水平的重复开发。将原汁原味的“真品”和“精品”提供给游客。吸引到质量高、数量多的游客前来旅游。

传统工艺品

第四节 农村生态旅游规划的核心步骤

生态旅游规划的程序可分为准备阶段、调查评价阶段、制定具体规划内容阶段、论证决策阶段、修正反馈阶段。核心的步骤包括确定规划目标和保护对象、生态旅游资源的调查与评价、市场定位、总体布局的设计、形成规划方案、修正及反馈。

一、确定规划目标与保护对象

这一步首先要解决规划什么、为什么规划的问题，要研究清楚究竟这个区域以后将以什么核心项目为卖点。在确定目标的同时要考虑规划范围内的重要生态系统、特殊物种的保护和主要面临的环境问题。这一步关系到整个规划水平的高低，也是对整个生态旅游区域的资源进行合理配置、发挥其资源优势、使其在同类旅游地区中脱颖而出的先决条件。

二、农村生态旅游资源的调查及评价

农村生态旅游资源的调查与分析就是对规划地区旅游资源的基本情况的整理，从定性和定量两个方面去分析旅游资源本身的

情况，弄清楚开发的条件，并对其进行评价，是进一步对区域、资源、市场进行分析的基础。如果旅游区自身的自然环境资源不尽如人意，那么，无论如何也制定不出好的规划。资源调查主要包含：自然地理状况、人文历史资料、经济状况，以及生态旅游资源的开发优势和机遇挑战。其目的是确定其是否值得开发、如何开发、何时开发、为谁开发及开发方向如何等。

农村生态旅游资源的调查可具体分为概查、普查、详查、典型调查、重点调查和抽样调查等类型。

第一，概查。概查指的是对旅游资源的整体性调查或探测性调查。通常是对大区域的旅游资源开展调查，主要是为了定性，以明确旅游资源的主要类型、大体分布、整体规模及开发程度。

第二，普查。普查主要是实地考察，需要投入大量的时间、人力和资金，调查的特点是项目多，调查内容不够详细，调查深度不够。

第三，详查。通常是在概查、普查的基础上展开，对于重要的旅游资源进行深入的考察。要将详查的结果以景观详图或具体材料图件，以及文字材料的形式体现出来。

第四，典型调查。在被调查对象中挑选一个或若干个具有典型意义的旅游资源展开调查。

第五，重点调查。选择一部分在全局中具有重要地位的重点旅游资源展开调查。

第六，抽样调查。根据调查任务确定的范围和对象，从调查总体中随机抽选部分对象作为样本展开调查。

农村生态资源的价值评价方法可分为定性评价法和定量评价

法两种。

定性评价根据评价的深入度和评价结果的体现形式，又可以分为一般体验性评价、美感质量评价、“三三六”评价法（由北京师范大学卢云亭教授提出的）、资源及环境综合评价法（由上海社会科学院的黄辉实提出的）。

一般体验评价指的是评价者通过自己的亲身体验对一个或多个旅游资源的整体质量进行定性评估。

美感质量评价是一种针对旅游资源美学价值的、专业性的评价，这类评价通常是建立在旅游者或旅游专家体验性评价的基础上作出的深入分析，其评价结果可作为各种资源间进行比较的定性尺度。

“三三六”评价法具体指的是：三大价值包括艺术观赏价值、历史文化价值、科学考察价值。三大效益指经济效益、社会效益、环境效益。六个条件包括旅游客源市场条件、景区地理位置和交通条件、景物的地域组合条件、景区旅游容量条件、投资能力条件、施工难易条件。

资源及环境综合评价法：一是对旅游资源本身进行评价，采用六大标准：美、名、古、奇、特、用；二是对旅游资源所处的环境进行评价，使用的七个指标有市场、季节、污染、联系、社会经济环境、可进入性、基础结构。

定量评价方法通常有技术性的单因子定量评价和综合性定量建模评价两种。单因子定量评价，主要以某些典型关键因子为参考对象，对这些关键因子进行技术性的适宜度和优劣性进行判断。综合性定量建模评价方法是以多因子为参考对象，采用数理方法通过设立分析模型，对旅游资源的环境和开发条件进行综合性的定量评价。

三、农村生态旅游规划的市场定位

（一）从客源的角度分析

根据农村生态旅游客源构成的不同，可以分为城镇居民市场、农村居民市场和国外市场。

1. 城镇居民市场

城镇居民市场是农村生态旅游的一级客源市场。大中城市居民的收入水平、自由时间（周末双休）和休闲意识决定了他们是农村生态旅游的主体消费群。所以，农村生态旅游的开发应将大中城市作为一级客源市场。

（1）有假期的上班族。上班一族通常是周末双休，每周都有可供支配的自由时间，可以进行近距离的旅游活动。由于交通出行越来越便捷，城市上班一族在周末离开城市前往乡下已经成为一种潮流。这一市场发展较为快速，针对这一市场所开展的农村生态旅游开发有很大的发展空间。

（2）城市学生群体。在越来越重视素质教育的今天，学生不再只是在学校里学习书本上的知识，而是走出学校到大自然中去体验和探寻知识。“读万卷书，行万里路”，将读书与实践相结合是很多学生向往的，特别是在校的大学生，他们有着独立的自我意识，渴望走出校园去旅行。他们不愿选择随旅游团出行，喜欢寻求别样的体验，其中就有一部分学生想到农村体验生活。而且，大学生是走在时代前列的群体，他们会通过网络把农村生态旅游地的形象传播到更广的空间。同时，很多中小学也注意到农村教育对学生的重要意义，开始把春游活动转向农村生态旅游体验。学生市场也是开发农村生态旅游的重要客源市场。

（3）离退休老年职工市场。很多老年人有思乡情结，向往到环境好、安宁舒适的地方享受老年生活，这正是农村生态旅游的潜在市场。而且，随着我国人口老龄化呈上升趋势，老年人旅游市场会继续扩大。他们有固定的收入和充足的自由时间，具有良好的客观条件去旅游。综上所述，开发农村生态旅游时，离退休的老年职工市场也是目标市场之一。

2. 农村居民市场

党的十六届五中全会召开之后，全国各地纷纷开展形式各样的新农村建设活动，开展农村生态旅游是新农村建设的重要成果之一。但是，因为地域、资源和开发管理的不同，各地新农村建设成就和农村生态旅游的开发程度、规模和效果也不尽相同。对于新农村建设成果显著和农村生态旅游开发成熟的地区来说，其他地区农村本着参观学习而来的旅游者也是其主要的客源市场。这些以参观体验学习为目的的旅游者，通常都是有组织的团体出游。

长期在城市务工的农民及其子女希望回乡探亲，这也是农村生态旅游的潜在客源市场。在农村生态旅游开发时，农村居民市场很容易被忽视，这一点值得特别注意。

3．国外市场

来自国外发达城市的外国游客进行的农村生态旅游开发具有一定的市场潜力。外国游客是依托著名风景名胜区发展起来的农村生态旅游的主要客源市场。海外游客一般都会停留很长时间。云南西双版纳的曼景兰村、昆明石林旅游风景区旁边的五棵树村等就是成功的案例。

（二）从收入的角度分析

1．高收入群体

改革开放以来，我国经济快速发展，人民生活水平大幅提高，可自由支配收入不断增加。有些企业家、商人、个体业主等已成为高收入群体。通常情况下，这些高收入群体到农村旅游，除了放松身心外，主要是招待客户。利用农村的自然氛围和人文内涵联络感情是目前农村生态旅游客源市场十分重要的客源对象。针对这一客源市场，农村生态旅游在开发的时候，要积极完善农村的基础设施建设，提高服务质量，满足这一客源对象的相应需求。

2．中低收入群体

进入21世纪，我国市民的消费趋势表明，居民购买食品的支出占生活费用的40%以上（发达国家为20%左右），而用于娱乐、文化、教育的比例不到10%，中低水平的消费仍然是我国城市居民休闲旅游的主要特点。所以，中低收入群体仍是农村生态旅游的主要客源市场。

（三）从需求的角度分析

1. 回归大自然，放松身心

都市的人们希望通过农村生态旅游暂时离开喧嚣的城市环境，寻求回归大自然的享受，并通过参与各种形式的农事活动来放松身心，获得快乐，根植于本土的浓厚乡土文化和农村人文景观是城市居民关注的热点。

2. 满足城市居民的周期性需要

城市居民通常是在双休日或节假日进行农村生态旅游，距离近、时间短、消费低的特性吸引着市民周期性地进行这类休闲活动。所以，农村生态旅游的特点满足了城市居民周期性地调节生活方式的需要。

3. 满足好奇心和求知欲

广大青少年通过参加农村生态旅游既能加深对原有知识的理解和认识，又能学到书本以外的知识。他们与大自然亲密接触，认识大自然的伟大和神奇，感受大自然的无情和残酷，从而可以明白人与自然应和谐相处。他们参加农事活动，从而更加爱惜粮食。在农村生态旅游过程中，既可以让青少年学到自然知识、人文知识，还可以让青少年通过农村生态旅游对农村进行调查，体验农村劳动人民的智慧与创造精神。

学生的农村实践活动

4. 故地重游

现代城市的职员、工人有一部分是从农村走出来的，其前辈多生活在农村，那里有他们的亲朋好友。其次，20世纪60年代以来中国有知识青年“上山下乡”活动，“干部下放劳动”，走“五七道路”等，各个阶层的人都和农村或农民产生了直接或间接的关系。故地重游，回首自己过去的经历，这样的旅游方式很容易打动他们。

5. 亲身参与的需要

随着旅游消费群体的逐渐成熟，他们要求变被动参观为主动参与，而农村生态旅游产品能够满足游客想要主动参与的需要。质朴的农村田园生活对久居喧嚣都市的居民有着很大的吸引力，他们喜欢在农村生态旅游地参加一些简单的农事活动，从中获得一种精神上的享受。这种类型的游客更看重旅游产品所具有的参与性和体验性。游客到农村生态旅游区不但能够欣赏田园风光，品尝土特产品，还可以动手做农活等，主动地参与相应活动使他们对农村生态旅游更加有兴趣。

近几年来全国各地发展势头良好的“农家乐”旅游，让旅客有更多的参与，这种形式的旅游活动从一开始就受到广大游客的喜爱。如北京郊区农村开发的“我在乡下有块地”的旅游项目，深受中外游客的欢迎。

（四）从出行方式的角度分析

游客的出行方式根据组织形式的不同通常可分为随团旅游、自助旅游两种。

1. 随团旅游

随团旅游，指的是游客参加旅行社组织的团体性旅游。当今，我国大多数旅行社组团的重点是组织本地区居民去外省市或外地开展中长途旅游。只有少数旅行社关注休闲旅游市场，但推销的“一日游”或“两日游”没有完整性，一般只提供交通与住宿服务，这都使市民很少关注旅行社组织的周末休闲旅游。因此，随团旅游并不是农村生态旅游的主要方式。

2. 自助旅游

随着旅游消费群体变得越来越理性化和个性化，出游方式也从过去“随团出游”逐渐转向以家庭为单位的自行组织、驾驶私家车的“自助旅游”。这样的旅行者通常采取自我服务的组织方式，其团体成员主要是单位同事、亲朋好友等较为熟悉的人。现今，兴起了一种各种俱乐部组织的农村生态旅游的旅游方式，成为农村生态旅游的又一潜在市场。

大学生自助旅游

四、总体布局的设计

进行农村生态旅游的总体空间布局规划，包括营造意境、功能分区、产品开发与项目设计、线路设计等。

（一）营造意境

总体上，要营造出以自然风貌、田园风光、民俗风情为核心的农村意境，体现出田园聚落的自然分散式居民点分布体系，彰显天人合一的传统文化意识。农村意境是由农村景观体现出来的，农村景观的设计与建筑施工应该和农村的传统聚落与乡土建筑相吻合，确保景观乡土性与建筑功能现代化相统一，在景观细部的设计上，应充分挖掘农村事物的造景作用，打造与城市内涵不同的，悠然、自在、舒适、开阔的文化氛围和生活方式。

意境

（二）功能分区

功能分区也可称为“功能布局”。一般包含：核心原生态保护区（是农村自然风貌和人文传承最好的区域）、生态感知体验区（可进行旅游开发的典型传统区域）、生态过渡缓冲区（传统向现代转变的过渡区域）、农耕与旅游服务区（商贸文化旅游聚集区域）、农村居民生活区（体现农村生活变迁的人文生态区域）等若干部分。功能分区是为了将农村生态旅游、农村生产、社区生活进行有机地融合，使得旅游在维护良好生态环境的前提下，和农村居民生活和谐发展，并通过改善公共设施、旅游设施来提高农村人居环境和生活水平。

（三）产品开发与项目设计

活动项目产品是整体规划的重点内容，是将总体规划定位的理论应用到实践中的关键，而且也是功能分区的具体体现。农村生态旅游活动项目的设计与产品开发要因地制宜，首先要进行实地考察，对当地的旅游资源进行整体评价，再有针对性地进行旅游项目配置与产品开发。

（四）线路设计

旅游线路是以旅游景观为关键点，以交通线路为主线，专门为游客设计、连接或组合而成的旅游过程的全部行程。一个良性发展的农村生态旅游景区应当有一条或几条合理的线路确保旅游者顺利进入，并把村庄内的所有旅游资源汇合成一个系统，为游客打造一个充满农村风光、乡野风貌、村落景观、民俗民风一体化的感受空间，并塑造景区的整体形象。农村生态旅游的线路设计，主要应从以下几个方面着手：可进入性信息、目的地观赏游玩路线图、中转地旅游信息、周边地域相关信息。

案例：

槐花之乡——大连市二十里堡绿色田园山庄

大连市保税区二十里堡有一个被誉为“槐花之乡”的绿色田园山庄，里面种植着数万株槐树。每逢槐花盛开之际，都会有很多游客到这里来赏槐采摘、休闲度假，其中不乏日本客人，农庄借着这一年一度的小型“赏槐会”发展得十分红火。都市型现代农业既给城市游客提供了亲近大自然的机会，也给当地农民提供了增加收入的平台。大连市现在有很多类似“槐花之乡”的“新农庄”都抓住了机遇，充分利用城乡资源，迅速发展，为都市型现代农业做“代言”。

对于新农庄，专业人士是这样解释的：“新农庄”既是众多农家乐的“升级版”，也是众多现代观光农业园区的“微缩版”。大连市目前已有300多家不同类型的农庄，随着都市型现代农业的不断发展，很多传统农庄开始向新农庄转型：传统农庄的转型、新农庄的出现，不仅让城市人找到了农村的感觉，更为农民带来了生活上的改变。

“新农庄”和传统农庄相比，不仅接待设施更加完备，经营理念更加先进，效益也更加突出。现在，越来越多的“新农庄”都在原有采摘大棚的基础上增加了很多休闲功能，游客在农庄内不仅可以采摘应季水果，还可以进行品茶、赏花、垂钓等悠闲活动；在体验原味十足农村生活的同时，还能进行高尔夫、网球等现代运动。放眼整个大连市较为成熟的农庄或园区，不少都市型现代农业的“代言人”，而且已经拥有独具特色的主打项目：位于开发区的春辉山庄推出自酿粮食酒窖，搭配农村味儿十足的农家菜，吸引了众多游客；湾里街道海南度假村推出海上渔业生产体验活动，从出海投苗、饲养管理到采收捕捞，让游客惬意地过上一天渔民生活；位于庄河市的天一农庄，种植了20万株名贵果树，园区中心的汇泉潭更是吸引了众多新人来此拍摄婚纱照……还有很多新农庄采用各种各样的方式，将自身的影响力扩散到了日本、韩国等国家和地区。

新农庄的发展吸引了越来越多的农民，很多传统的农家乐和采摘园都开始向新农庄转变。家住金州区七顶山村的丛常第一家，有一个200多亩的樱桃园，2006年樱桃每公斤还卖不到20

元钱，可去年每公斤卖到40元还供不应求，整个樱桃园的收入达120万元。从常第一家切身感受到了休闲农业拥有的巨大潜力，于去年又投资800万元在园区旁建起餐饮和住宿配套设施，开始了向新农庄的转型。

五、形成规划方案

在满足既定规划目标的前提下，综合战略规划和具体规划的内容，形成规划草案，再通过进一步地筛选、修改形成最终方案，进而进行决策论证。好的规划设计方案既是生态旅游景区开发建设的前提和基础，也是旅游景区发展的生命力所在。方案中不仅包括空间上各类设施的布局，还包括时间上的分阶段开发的具体安排。要保护和用好旅游景区持续发展的生产力，要分析生态旅游开发给环境带来的影响，以便为规划方案的优化提供生态学依据。

六、修正及反馈

任何计划都有一个实施和反馈的过程，农村生态旅游规划方案制定后，可以应用定性或定量的方法进行初步评价，要综合考虑社会效益、经济效益、生态效益，在实践中总结经验教训，若有偏差，要及时修正。

第四章　农村生态旅游开发

第一节　农村生态旅游开发的原则

农村生态旅游开发是一个多目标体系，关系到多样的资源要素和利益相关者，不仅要关注游客的需求，同时也要关注环境保护，在保护农村生态环境的前提下，增加农村土地的利用效率。通过农村生态旅游开发使得旅游生态资源既得到保护与可持续发展，又能够做到社会效益、经济效益和生态效益的协调一致。具体体现在农村人民生活水平的提高、生态旅游者高质量的体验以及自然和文化环境质量得到维护。

借鉴国内外学者讨论的生态旅游开发原则，针对这一旅游形式的复杂性，确定生态旅游的开发应遵循以下原则。

一、可持续发展原则

发展生态旅游前应事先调查分析当地自然资源、人文资源特点，应当为了产业的长久发展做打算，从保护环境、减少污染、充分利用当地资源的角度出发，制定长期管理与监测计划，深入挖掘农村生态旅游资源和环境的文化内涵，在尊重生态系统规律的前提下，合理设计开发生态旅游产品，针对生态旅游资源的不同现状，进行适度开发利用。根据都市旅游者对农村生态旅游的特定需要，有针对性地开发农村生态旅游项目，通过充分利用当地自然资源，满足旅游者的生态需求，同时政府部门要加强对旅游规划的评审和实施的监督工作。要努力克服产品单一、项目粗糙、内涵不深、缺乏精品、重游率低等弊端。在具体进行生态旅游产品设计时，应尽量做到“因陋就简”，将农村生态旅游的开发与当地现有产业进行有机融合，并实施有效的控制。

二、农民参与原则

“农民参与、农民受益”是发展农村生态旅游的出发点和落脚点。农村生态旅游资源是一种特殊的旅游产品构成要素，一些具有较好生态旅游资源的地方在经济上比较贫穷，本地农民的参与是农村生态旅游发展的内在动力，但是在利益分配上往往会弱化当地农民的作用，所以获得当地农民的支持是生态旅游开发成功的基础。

一是要保障当地农民通过发展旅游获得就业机会，发挥农村生态旅游在就业上的“乘数效应”，使广大农民在离土不离乡的情况下，通过参与旅游开发，实现有效就业。同时依托农村生态旅游的发展，为广大农民开展多种经营，创造一个良好的环境，间接带动农民就业率的增加。

二是要想方设法使农民的收入得到提升。确保农民参与农村生态旅游的劳动经费，直接让农民的收入增加，保护农民资金入股、资源参股的合法所得。若发展农村生态旅游以后，农民的收入没有提高反而下降了，旅游开发就没有意义了。

三是要将旅游开发结合农村的精神文明建设。对农民业余文化生活要加强引导，使农民的精神生活得到丰富，提升农民的生活水平。

四是要将旅游开发结合农民的长远利益。注重对农民的文化知识与劳动技能的培训，提高农民的素质，培养新型农民，实现城市和农村共同发展。

三、特色性原则

农村生态旅游最大的特色寄托于农村独有的风土文化之上，即旅游产品的“原生乡村性”。其吸引力和竞争力在很大程度上取决于它与众不同的独特程度。当前，农村生态旅游业多半采取或是彻底变成一种“扶贫旅游”的形式，造成对传统的摒弃和对世俗风尚的盲目推崇。农村生态旅游开发应走出传统的就农村资源开发农村生态旅游的路子，适度发展旅游创意产业。

农村生态旅游地的本质特征就是“乡村性”，而乡村性的最重要的载体还包括乡村传统文化，因此农村生态旅游可持续发展的难点问题就是农村传统文化和现代文化的冲突与融合。农村生态旅游区域虽然备受都市旅游者青睐，但相对而言，大都是比较封闭、比较落后的农村。从物质生活、精神生活等方面来说，旅游者和接待地农民存在巨大差距，生活在农耕文化保留区的农民对都市文明非常的向往和憧憬，其诱惑力和影响力让农民无法抗拒。一旦农民向都市文化“投降”，而放弃了具有浓郁特色的农耕文化“据点”，那么农村生态旅游赖以生存的公共文化资源势必会消弱甚至消失，农村对都市旅游者也就不存在吸引力了。反之，村民羡慕和追求城市居民比较好的生活方式时，也会让外来旅游者产生不满情绪，从而让少部分人千方百计地想从旅游者身上榨取利益，以至两者之间的矛盾加深，从而制约农村生态旅游市场的发展。

村和村之间若是有条件发展农村生态旅游，发展的旅游产品一定要进行差异化竞争，以实现错位发展。在旅游竞争中最有力的关键词就是特色。各个村子之间可以依托所处地域的人文、自然等方面的优势，依据自身条件与当地经济社会的发展情况，因地制宜、扬长避短，走特色发展的道路。独特的饮食、不同的建筑设施、不同的体验形式、不同的生态景色等均可以成为特色，特色在于我有、别人没有，而非形式的大小。

四、以市场为导向原则

农村生态旅游产品开发能否成功，取决于农村生态旅游产品能否满足旅游者需求，以及满足的程度如何，最终都将受到市场检验。一个生态旅游产品只有拥有广阔的市场，才能具有强大的市场竞争力与较好的经济效益。因此，农村生态旅游产品的设计开发应以市场为导向，以生态资源做基础，在充分进行市场调研与分析后，根据自身的吸引力来研究对应市场的环境与层次，在这两点之间寻找一个平衡点。结合目标市场的消费偏好，将自然资源优势转变为市场优势，成功开发出不同层次、不同规模、迎合市场需求的产品。对于主要旅游吸引物，比如农业生产活动、农村的田园风情、农家生活与民俗文化等自然与人文景观，应当尽量展示当地农村特色，以迎合旅游市场“乡土”、“怀旧”、“野性”、“休闲”等方面的心理需求。

第二节　农村生态旅游开发的模式

从生态旅游开发的角度来说，通常根据地区的资源特点加以分类，不同的开发模式对应不同的地区，以适应各个地区的发展优势。丘陵、山地、森林立体生态旅游模式、聚落景观生态旅游模式和生态旅游农业模式等均为生态旅游开发的模式。

一、丘陵、山地、森林立体的旅游开发模式

以丘陵和山地为主的地区，具有明显的多样性、立体性气候，适合生长多种山地森林植物，山、水开发也非常具有潜力。因此，可以建立丘陵、山地、森林立体旅游模式。

山地丘陵这类生态资源是一种特殊生态环境综合体，具有一定高度与坡度，以及特殊性，受人类经济活动和自然分异规律的双重影响及干预。在同一座山地或是丘陵上应当遵循垂直地带性分异规律，将可持续发展准则作为指导，稳定提高土地系统的生物生产能力和保持良好的生态效益作为目标，建立山地、丘陵立体景观生态旅游模式。

依据土地单元所在的地貌、地形等条件以及生态环境情况，决定不同的发展类别，实行农、草、林、牧等综合发展，形成随

着坡度、高度的变化而有所不同的立体耕种方式。多山地区、丘陵地区的一大趋势就是在本区域内开展旅游活动。通过一定的工程措施、景观格局的建设等，丘陵、山区将为旅游者展现的是一个安全、兴旺繁盛的山区环境。可以通过一定的项目来集中吸引旅游者，再配合良好的山区丘陵的农村环境，开展相应的旅游活动。

具体的经济开发类型包括以下几类：

一是森林资源的开发利用。主要集中在中低山地、农业种植临界适合或是已经不适合的地区。主要的类型是森林土地，幼林、次生林，这些资源很少受人为的影响，森林资源以及林中动物资源利用的潜力很大。

二是恢复利用森林与草地资源。主要是低山丘陵区的森林遭到砍伐后，土地发生退化而形成的疏林、灌丛草地与灌木林等地区。针对当地贫困的现状，应当与人工培育的方式相结合。可以考虑承包山林，限定用途，并鼓励发展经济林木。

三是草地畜牧。在没有水的岗坡和高地上，可以适度发展畜牧业。旱作农业不宜过大，以防土壤风蚀沙化，对草原生态环境以及农业经济的稳定发展带来影响。同时大力发展人工种草，结合环境整治和保护，推动畜牧业高效发展的生态经济型农业发展。在中高山地区要对草场资源、高山草甸实施保护，发展中高山畜牧业。

四是综合资源调和利用。相对平缓地而言，低山丘陵沟坡地区一直都是农林牧用地混乱，存在农业旱作种植与发展林木、畜牧草场以及经济、果林之间的矛盾，是人类活动能够带来强烈影响的地区。近年来，频繁出现水土流失及滑坡泥石流等自然灾害，生态环境逐渐恶化。针对土地“多宜性”的特点，应当以生产结构和布局的优化调整作为突破口，并辅助生物技术与工程措施。

丘陵

二、聚落景观生态旅游开发模式

聚落景观是广大农村地区生态经济系统中的核心组成部分，同时也是农村地区的重要观景内容、休闲基地，是最富人文内涵的区域，具有生活与生产双重功能。它包含了农、副、渔、林、牧、风俗、建筑、伦理、文化等异常丰富的社会经济活动内容，具有独特的自然景观、生态环境、多产业的经济活动特点。

这种模式对农村地区农村聚落的旅游功能具有强调作用，要使其具有文化深厚、美观的特点。要考虑村落的分布、结构、集聚的程度与规模类型等，以及庭院内部的结构、外观风貌、生态经济生产功能、文化内容等方面的建设，以使农村地区的聚落具有文化体验功能与观光功能。

在外观风貌方面，要对生态因素以及生产功能与旅游观光功能进行合理考虑，完善农村聚落景观的垂直分布结构与水平结构，注意各地聚落景观的特色差异。在内部生态建设方面，对于有条件的地区，要让庭院内部形成有机的生态循环，实现建筑体的生产功能与生活功能的互补。为此，要合理设计居住建筑和生产建筑，根据生态学的原理建立生物和居栖空间，形成相互促进、相互依存的新型建筑组合。

也可考虑设计民宿农庄等。在已经具备一定特色的聚落环境中，以农户庭院，或者通过另外建立庭院，在农田风貌的背景中融入特色景观、民族特色、农民的生活习俗，并具备提供疗养、观赏、休闲服务的功能，吸引对农村风光向往的城里人前来租房疗养或是度假休闲。

三、生态旅游农业开发模式

结合现代生态农业与旅游业，强调景观生态资源的生产属性和生态属性，注重生态与环保的建设，综合考虑区域的实际情况，以便对一些生态脆弱的地区实施保护。该模式的具体运用受自然特征、文化素质、科技含量与经济条件等影响，对于生态环境脆弱以及贫困地区，应当强调这种保护环境的农业模式。

构建生态旅游农业模式的切入点之一就是生态农业，所以在农业生态建设方面需要注意两个方面，也就是结构设计与发展类型。

农业生态建设的结构设计，包括几个方面：平面的结构设计、立体的结构设计和时间的结构设计等。

平面的结构设计，指的是在一定生态区域内，确定各个种群所占面积比例与分布区域。平面结构设计的内容包括区域适合种植哪种作物、作物之间具有怎样的比例关系，以及如何确立各级系统等。

立体的结构设计，要将生理上、生态上与形态上不同的动植物群体组合成合理的复合体，充分利用环境资源，使其抗逆性增强，克服传统农业资源浪费的现象。包括养殖业垂直结构与种植业垂直结构。

时间结构设计，指依据各个物种的时间节律，设计出能够有效利用资源的合理格局或机能节律，使得资源转化率最高。还需注意的是食物链结构设计，其整个系统的兴衰受物质转化、分解、蓄积以及再生效益的高低所决定，这种物质以多层次营养结构为基础。

生态农业发展形式的类型主要有两种：一是模拟对光能多层次利用的森林生态系统进行立体开发；二是模拟生态系统的食物链结构，构建农业资源多级循环（时空多层次）利用模式。主要代表有物质循环转化型、以庭院经济为主的院落生态系统，相互促进的生物物种共生生态系统，农林立体结构生态系统，以及物理农业、有机农业等。

第三节　开发农村生态旅游区

一、主要的空间模式

农村生态旅游资源具有多种类型，有特色民俗村落等人文景观，也有以山水取胜的自然景观，不仅为游客带来较高的参观价值与游赏价值，还增加了参与休闲活动的娱乐功能。正是因为自身独特的资源类型以及区位条件的不同，农村生态旅游地的开发也有了很多不同的空间模式，依据地域空间环境的特征，应当努力促进特色农村生态旅游产品的系列化与个性化，实现差异化发展格局。

（一）城乡结合模式

该模式也称“城郊型”，是一种典型的农村生态旅游地发展模式。它依靠区内中心城市的一级环城区或是地方县市的二级环城区，倚仗地理位置的优越性，主要培养城市双休日市场。作为大中型城市环城游憩带的重要组成部分，由于其客源比较固定、市场要求比较高，“城郊型”农村生态旅游地适合开发层次比较高档的农村度假地，该地集娱乐、疗养、健身、运动等产品为一体。同时，作为城市居民休闲的“后花园”，观光农业、民俗村落、农家乐等农村生态旅游开发项目渐渐受到了短期出游的城市居民的青睐。

休闲时代背景下旅游发展的主要趋势之一就是城市近郊的农村生态旅游，它能满足城市居民的一些时尚需求，比如回归自然、放松身心、体验异质文化、分享农村风情与购买生态产品。城市环境向农村环境转换的过渡地带即城乡接合带，这是一个城市功能与农村功能相互渗透的地区，也是社会经济发展特殊又活跃的地区。处于城乡接合带的农村地区，具有距离城市较近的天然地理优势，通过共享同宗同源的本土地方性文化，借助回归自然的独特田园风光，可以成为吸引本市居民节假日休闲娱乐、度假疗养的首选旅游之地，为本地带来良好的社会效益与经济效益。

近些年来，以北京、成都、杭州、广州、南京为代表的各大城市的近郊，普遍形成了农村生态游憩发展带。根据有关报道，20 世纪 90 年代，北京周边地区开始开发农村生态旅游，许多酒店及旅游景点崛起于郊区。郊区民俗旅游村与民俗旅游户以丰富的民俗旅游活动为特点，如吃农家的饭菜、住农家院落、采摘果品菜蔬、体验传统的农村生活习俗与垂钓等，吸引了越来越多的游客，成为了北京都市一族释放心理压力、放松心情、接受农村文化教育与熏陶的一种流行方式。而成都的“农家乐”是以都市为依托的休闲农业的典型代表，它的主要特点是依靠依托城市这个大市场，发展周末休闲度假旅游，“吃农家饭、品农家菜、住农家院、干农家活、娱农家乐、购农家品物”通过对成都郊区的各类农村生态旅游资源进行整合，有机结合农村生态旅游和农业观光休闲、节庆活动，形成以国家农业旅游示范区、农村酒店、农家乐等为主体的农村生态旅游发展形式，包括以龙泉驿书房村为代表的观光果园型，以友爱乡农科村为代表的花卉园林型，还有充满巴蜀风味风格的民居体验型等，成功探索出了一条农民就地市民化、促进城乡一体化的路子。

农村生态旅游是借助城市区域优势而开发的，能够有效地满足城乡居民追求高层次生活，这不仅促进了城乡经济文化的互动与交流，还带动了农业与农村经济文化的繁荣与发展，提升了新农村建设的层次与水平，是城乡统筹发展的重要组成部分。各地政府为扶贫与促进农村发展，建设以“农家乐”为主的农村生态旅游，不仅给予市场营销、人员培训、资金筹备、基础设施建设、税费等方面的扶持与优惠，而且相继出台了一系列标准，逐步规范管理农村生态旅游市场发展，为实现城乡统筹经济社会的协调发展助力。

目前，我国城乡接合带发展的农村生态旅游产品类型较为单一，旅游项目的水平较低，较容易被模仿，缺乏鲜明的主题及开发模式。在今后的开发过程中，对于都市新兴的旅游需求要采取积极的应对措施，统一分散的农村生态旅游景点的空间布局，并将都市环城游憩带的整体建设融入其中，同时实施差异化主题定位，在政府相关职能部门的协调下，发展联合营销，打造出城市郊区的农村生态旅游地品牌。

（二）景区依托模式

景区依托型农村生态旅游主要是以本地或是相邻的自然景区

的资源优势为基础，从而发展起来的。该模式依托大型景区在旅游市场上享有的知名度，将重点旅游景区作为核心，将旅游景区的服务功能分离出一部分，用来吸引与指导旅游景区周边的农村里的农民一起参与旅游的接待和服务，着重突出农村生态旅游的原生态，带给游客回归自然的体验。景区依托下的农村生态旅游与城乡接合带农村生态旅游的本地客源市场相比较，其景区观光游客主要是来自全国各地甚至海外，具有出游率高、重游率低、不容易形成忠诚客户的特点，是观光休闲游的一种典型，应当将生态休闲的特点进行重点突出，将自然和人文观光资源与休闲性、参与性的活动相结合。

景区旅游多属于观光性质，而农村生态旅游凭借农村地域一切可以吸引游客的资源，通过开发农村民俗文化、农村村落和民居文化、农村饮食文化、农村生产文化、田园风光和农村人文古迹等旅游产品，来满足旅游者观光、休闲度假、购物与学习考察等多种旅游需求。开发景区依托模式下的农村生态旅游，对核心景区与地区的发展具有双重的带动意义：就核心景区而言，可以利用景区周边及其景区内的农村空间，有序地开发以农村生态旅游为核心的风景区，从而扩大游客的活动空间，延长游客的逗留时间，以期创造更大的经济效益；另外，依托景区开发的农村生态旅游，也可以实现景区及其周边农村富余劳动力的就地转移，以使农民的经济收入得到提高，协助景区及其周边农村致富，从而对当地居民、旅游部门、游客之间的矛盾起到缓解作用。

山东省农村生态旅游迅猛发展，其中，有许多农村凭借临近的已获得开发的旅游景区，通过提供当地具有农家风味的餐饮与住宿服务，逐步将其他类型的农村生态旅游产品渗透并融入其中。济南港沟镇有很多农村靠近“红叶谷”、“三川”这些AAAA级风景区，当地以“住农家屋、干农家活、吃农家饭、享农家乐”作为主要元素，发展农村休闲生态游，吸引了大批的游客前来旅游，成功延伸了景区旅游链。在济宁曲阜的“三孔”景区以及邹城的孟子故里，孔府的祖神祭祀、家族亲族俗制、年节习俗、婚礼丧礼、衣食住行等均可以作为大家望族习俗的典型，当地将孔子与孟子的故里相结合，开发了一系列农村生态旅游产品。还有山东运河沿线，尤其是微山湖、东平湖一带，由于受到运河文化与湖船生活的影响，形成了独特的“船屋”、“湖村”的生活景观与习俗，成为一种具有浓郁的北方特色的湖区生活，根据这个特点可以开发湖泊游客的农村游市场。

受到核心景区客源市场的直接影响，这类农村生态旅游开发面临着不同的问题，比如客源的需求复杂、淡旺季明显、缺乏核心吸引力等问题，对旅游经营形成了巨大的压力。因此，要想利用景区的主导功能来发展农村生态旅游，必须使著名风景区旅游的核心带动作用得到加强，同时不仅要使农村生态旅游和核心风景区进行协同发展，还要对农村生态旅游子系统的内部关系进行协调。

（三）交通节点模式

一般高速公路、铁路、国道等交通主干线附近发展的是交通节点型的农村生态旅游地。该模式的主要客源是过往的游客与近邻城镇的居民，具有很强的可进入性。往往很多农村生态旅游地与城镇居民这个客源市场存在可进入性差的问题，以至于很难吸引省外与国际游客，严重阻碍了农村生态旅游地的市场开发，对其长期快速健康发展也带来了不利的影响。而改变交通格局必定会对旅游业格局带来影响。通过建设铁路、公路、机场等交通基础设施，以及贯通桥梁与水路，能够使某些农村生态旅游地的游客可达性问题得到有效解决，或者以交通线路与枢纽设施为凭借，提高市场知名度，以扩大农村生态旅游地的市场推广范围，或者进入大都市的“一日生活圈”，缩短主要客源地的距离。

北京朝阳区的高碑店村是“京东第一村”，该地处于东长安街延长线上，具有优越的地理位置、异常发达的交通条件，北边依靠着京通快速路，南边傍着广渠路，西边临近四环路，东边靠着五环路。村子旁有古老的通惠河缓缓流过，还有通惠灌渠贯穿其中。村边就是通惠中心码头——京城水系旅游的终点站，从这里坐船向北行驶可以到达颐和园，向东行驶可以到达通州城，而且北京市区的地铁线与公交线也可以直接到达这里。这里地理环境优越、交通便利、历史文化底蕴深厚，为高碑店村的特色化、国际化的休闲旅游业市场的开拓带来非常好的条件。该村还特地为入境游客打造了“国际驿站”，而这也是高碑店村今后农村生态旅游开发的主要方向之一，主要为该类游客提供可以亲身参与体验北京当地或是中国风情的日常生产生活与休闲娱乐活动。

2008 年，杭州湾跨海大桥建成并开始通车，交通区的优越条件为发展农村生态旅游提供了外部环境，使得慈溪的交通条件得到了改善，真正被纳入上海 24 小时交通圈内。对慈溪的旅游产业而言，杭州湾跨海大桥缩短了它和国内最大的旅游客源市场的距离，将杭州、宁波与上海并列成为慈溪旅游主打的三大旅游市场。其中，农家乐旅游是慈溪旅游发展中最迅速的，还形成了农家乐旅游产品体系，该体系将观光游览型旅游作为基础，休闲度假型的农村生态旅游产品作为重点，文化体验型的农村生态旅游产品作为特色，具有明确的层次，同时发展出“游农庄、看大桥、吃海鲜”等农家乐的精品路线，以及杨梅节、葡萄节、桃花节等农村生态旅游节庆。慈溪已经发展了20个农家乐休闲旅游村（点），2009年累计接待游客数量达1113万人次，实现营业收入6808.7万元人民币。

（四）特定区域模式

1. 拥有深厚的传统文化底蕴

农村生态旅游产品开发的根源就是文化，挖掘以真实性为灵魂的文化性，体验复古的农村遗迹与淳朴的农村民俗是一种旅游形式，该形式的文化蕴含量较大。农村生态旅游开发地区或是民族文化底蕴非常深厚的地区，其中以修学、观光旅游为主要的旅游产品，能够满足高层次的市场需求。依据不同的旅游空间资源可将其分为：物质遗产的历史文化依托型农村与非物质遗产的民俗文化观光村落。前者以农村居民、家居生活物件、古建筑、古文物、人文遗迹等物质形态为依托，开发农村民俗度假村与文化博物馆，新农村建设示范型的农村可尝试建造农村旅馆，比如淄博有具有聊斋文化特色的古村落蒲家庄与蒲松龄故里，章丘市有典型的北方聚落朱家峪。后者的核心旅游资源为地方民间文艺、地方民间文化庙会、民俗节庆活动等文化形态，开展可以参与其中的观光游览活动，让游客与当地的风土人情近距离接触，以感受农村生活，比如天津杨柳青年画、贵州蜡染、南通扎染、潍坊的风筝、手工造纸以及各种刺绣、泥人，甚至是食品的加工，均可成为农村生态旅游的文化依托。

我国农村除了自然旅游资源非常丰富之外，更多的以及最能吸引游客的是人文旅游资源，该资源淳朴、神秘，包括农村文化遗迹、农村民俗文化以及农村手工艺文化。比如一些农村风俗习惯，像我国各地的扭秧歌、祭祀谷神、锣鼓戏、舞狮子等，均可成为农村生态旅游开发的卖点。北京农村生态旅游具有独特的传统文化资源优势，融合了许多极具京味儿的文化素材，使得该文化内涵与旅游产品的档次得到了极大的提升。北京作为六朝古都，中华几千年的文明与历史文化沉淀于此，特别是丰富的农村民风民俗，比如不同于西方国家的农耕文化、各富特色的戏曲文化、富含北京风韵的时令节日、丰富神奇的民间工艺，等等。这种乡土文化的神秘性满足了国际游客对乡土文化的好奇心，吸引了越来越多的客源拥向北京农村生态旅游地。

在农村生态旅游区开发中，有些地区承载了物质文化遗产，其中以安徽的皖南古村落作为进行深度开发的典型代表。作为徽文化的发源地，皖南古村落是一个古村落集聚区域，是我国现存面积最大，也是保持最完整的古村区域。2000 年 11 月，西递、宏村被列为世界文化遗产，大大地促进了皖南古村落开发旅游的热情，同时扩大了市场知名度，让游客在欣赏优美的田园风光时，也能感受到古村落所表现出的具有中国传统地方文化的徽文化的厚重感。除此之外，在极具民族与地域特色的海南农村生态旅游开发中，海口农村生态旅游所要推广的重要方面，就是以灵山镇林家大院、府城镇清代进士祖屋、旧州镇侯家大院为代表的古代宅院文化，这些保护比较完整的民间院落极具明清古民居建筑风格特点，汇聚了海南民间雕刻艺术的精华，极大地吸引了国内外游客的关注与参与。

这些农村地区传统文化底蕴相对厚重，发展旅游不仅承载着传承中华民族文明、保护文化遗产的历史重任，还被寄予了将当地社会经济文化实现全面复苏的愿望。比如许多民间工艺面临没有人传承的问题，而这些传统的制作工艺完全能成为一种非常具有旅游吸引力的物品加以宏扬。通过对民间手工艺生态旅游进行开发，可以将某项民间手工艺当作该村的重点项目，经过拆分与组合民间手工艺的各个制作环节，在一个村里形成产业链，这样不仅提供了工艺成品的销售，而且为游客亲自参与制作提供了机会，同时可以成为修学旅游的一种模式。比如皖南黟县的南屏、歙县的郑村与徽州的汤口等村庄生产的纸、笔、墨等工艺品，便形成了具有吸引特色的旅游模式，该模式主要特色为传统的制作手工艺与富有特色的民居建筑。这类项目更富趣味性与参与性，能使游客的重游率增加，进而可以带动整个社会重视中国传统工艺。

2. 拥有发达的现代经济产业

农村旅游业结合农业、林业与渔业，“以旅促农”、“以农促旅”，以产业经济为依托发展农村生态旅游，是农村生态旅游开发的另一种重要模式。以产业经济为依托的农村生态旅游，可以开发渔业休闲、林业休闲、农业休闲、果业休闲产品，像渔村垂钓，农村美味品尝，花卉园、果园、茶园采摘等活动，能够使游客的吃、住、游、购需求较好地获得满足。

例如，将高科技有机稻规模化地种植于农民的耕地里，以形成万亩梯田，不仅可以看作旅游业的一个观光点，还可以获得谷物的丰收，比如云南的哈尼梯田。在气候舒适的海滨有自然风景资源与景区，有豪迈的渔家性格，有保留成片的海草房渔家文化符号，有一直延续至今的渔民、渔村的生产习俗与节庆习俗，还相继开发出以传统渔家生活作为主题的产品，比如胶东半岛沿海地区的长岛和日照的“渔家乐”、荣成的“胶东渔村”。以花卉苗木种植产业为依托，在政府政策的扶持与引导下，通过农户的自主经营，实现农业结构的调整，拓展农业的功能，使农村居民实现务农、旅游接待、休闲共同进行的现代农民生活。比如成都三圣乡的生态游。利用乡镇企业与工业的发展可以带动旅游业的发展，比如河南省南街村等。

在生产条件特定的情况下，以市场需求为导向，以提高经济效益与社会效益为核心，倡导和提议农民种植大量的经济树种，以形成果树园与果树带，不仅为游客游览参观提供了美好的视觉感受，使游客参与果树采摘的积极性获得提高，同时为旅游景点增了色，还可以使农民的收入增加，以使农村的生活水平得到提高，最终实现农村地区可持续发展。因此，有些地区农业经济产业比较发达，可以有机地结合旅游规划与其他产业规划，依据农村的地域特征与资源状况，使种植业、养殖业以及乡镇企业等合理地进行规模化、特色化发展，建立一个具有新农村特征的旅游农村。

二、开发农村生态旅游区

（一）开发观光农业示范园区

这种发展模式主要是为了建设大型的农业示范园区，该园区一是作为现代农业生产加工基地，二是对游客开放，将现代农业生产成果进行展示。比如北京海淀的现代化渔业示范基地、北京朝阳水产科技园与现代农村观光农业示范园区、锦绣大地农业园以及秦皇岛市北戴河的现代农业生产与观光的集发高科技农业观光园等。

该模式为现代旅游业与现代农业的结合提供了一个非常好的样本，在现代农业生产的同时还能发展观光旅游业，可算是一举多得。该旅游模式比较适合现代化大型农业生产基地或园区。

案例：

如诗如画的立体生态农业园

海南省陵水黎族自治县隆广镇竹利水库边，有一个被茂密的丛林包围着的园区——立体生态农业园。

刚靠近园区时，就可以听到一阵阵动感的音乐，还伴着断断续续的猪、鹅的叫声。园间小路和道路两边栽种着很多生机勃勃的槟榔树，一群群鸡、鹅在树林和果园间慢悠悠地散着步。进入园区，就好像进入了人间仙境一样。游人可以坐在园区的大榕树下，尽情享受着音乐、清茶，一眼望去，尽是青山绿水。

这如诗如画一般的园区是陵水一位叫吴仁能的黎族农民一手建成的。建成这个立体生态农业园让他在县里获得了一些名气，并成了整个县里发展个体种养经济的榜样。

这个立体生态农业园占地面积约为200亩，园里种着胡椒、槟榔、珍珠石榴、芒果、牧草。

记者在园区水库旁边看见一座酒坊，里面正在酿米酒，水库边还有几间新修的标准养殖场，里面养着黑猪、鹅，养殖场旁边还有几个沼气池，这些一起构成了一个完整的“酿酒→酒糟→养殖→沼气→种植”生态链以及“猪→沼→果”一体化的现代农业生产模式。

除此之外，这个农业园还遵守了因地制宜的原则，充分利用各种资源进行综合开发，他们用酿酒后的酒糟养猪，用经过沼气池发酵的猪粪培育果树，用沼气池生成的沼气酿酒。水库里的水不仅可以用来灌溉果树，还可以用来养殖鹅、鱼。

这样的立体生态农业对自然资源进行循环利用，极大地节省了生产成本，获得了非常好的经济效益。

漫步在园区里，果园区、蔬菜区、水果大棚区、烧烤垂钓区、育苗区、喝茶区、棋牌娱乐区、养殖区等，非常自然和谐。游人可以在这里欣赏水库两边优美的自然风光，沿着小路散步，尽情品味着饮茶、垂钓、采摘高品质特色水果的乐趣，享受轻松的休闲时光。农业园始建于1999年，刚开发的时候，占地仅仅80亩，因为缺乏资金，农业园的创办者吴仁能自食其力，带着家人披星戴月地工作，后来他还承包了水库，从事养殖业，将种、养进行结合，资金滚动发展，这样，农业园的规模才一步步得以扩大。

现在，园区的石榴、芒果都进入了全面收获的时期，槟榔和胡椒也都挂满了果，酿酒厂每天可以生产100千克米酒，养猪场每年可以有1000多头猪出栏，水库鱼塘每年可以捕鱼5万千克左右，预计年收入约为60万元人民币。

目前，园区的规模依然在慢慢扩大，园区运作日渐成熟，吴仁能开始着手于重新规划园区，预备在园区里建农庄饭店，并设置约100间客房，将园区打造成一个集种植、养殖、休闲、娱乐、观光、餐饮、住宿等诸多功能于一体的旅游休闲农业园，以特色农业、观光农业、旅游农业促进整个园区的发展，最终构建一个相互促进、取长补短、相辅相成的良好局面。

（二）开发农村主题公园

这类发展模式主要基于农村生态旅游资源开发之上，注重突出具有鲜明特色的主题，同时与当地的优势资源结合，开发相应的旅游产品，比如北京怀柔的圆金梦黄金主题公园，就是与当地的优势资源黄金相结合，开发了国内唯一一个可以看金、淘金、了解黄金文化的地方。另外像北京房山盛产好石，可谓是闻名中外，该地区就以此为主题，开发了中华石雕艺术园。

当然，这种主题公园必须区别于那些城市的主题公园，因为采取这种模式有一个重要的前提，那就是这个主题在该村有历史积淀，具有一定的特色。不然，盲目地开发主题公园就会有可能没办法形成特色，或是大大减少对游客的吸引力，从而导致开发失败。

（三）开发民俗旅游专业村

该发展模式主要依托一些具有丰富民俗或是独特历史文化的旅游资源，开发出融历史文化和民俗风情为一体的旅游产品，以此吸引那些对历史或是民俗文化感兴趣的游客。比如：位于北京房山十渡风景区中心的十渡民俗旅游专业村；位于北京昌平开发的德陵民俗旅游村，该村依托的是十三陵内现存的唯一的历史建筑遗产；江西婺源的千年古村庆源，詹天佑的祖籍就在这里，小河贯穿村落，河边坐落的廊棚与美人靠（虽然非常简陋）在其他地方是见不到的，倚着美人靠，看着长满杂草的石拱桥，望着经过岁月雕琢的老屋，就好像置身世外桃源。

采用该种模式的前提是这个村了必须具备足够吸引人的民俗风情或是历史文化旅游资源，而且该资源还要具有一定的特色与知名度。国内很多村寨都具备独有的民俗风情，因此适用这种模式。

案例：

四川绵竹年画村

年画村位于四川绵竹孝德镇射箭台村，该景区的核心区域有1750亩，是一处精品型农村民间工艺文化旅游景区，该景区主要建立农村生态旅游以及年画商品生产、加工基地，并与新农村建设结合发展。该村距离市区5千米，与成都、绵阳也只有80千米左右的距离，规划占地面积达4平方千米，核心区域为450亩，景区内有一条专业加工、制作、经营绵竹年画系列产品的商品生产作坊线。

2006年3月，绵竹市委决定在射箭台村建立年画村，这里是绵竹年画南派掌门人陈兴才的家乡。

2009年，年画村设置年画展示销售中心、年画培训教室、老艺人工作室、实习基地等。有农家乐40余处，一天内可接待游客4000余人。

2010年年底大乘村并入年画村。年画村开始对中心农户进行整改，这里的中心农户共有112户，之后镇上又再接再厉，整改农户房屋224户，村道扩宽650米，院落道路硬化2630米，还修建了年画村的牌坊、年画广场，使年画村建设一期工程获得圆满成功。

2011年年画村被国家确立为4A级旅游景区，“五·一”期间，接待游客2.5万余人，全村人均纯收入8616元。年画村获得了“四川省乡村旅游示范村”称号。

如今，年画村已建成了一条古色古香的街道，并对农房进行了改造，家家户户洁白的墙上幅幅具有绵竹浓郁特色的绵竹年画呈现在墙上，而具有川西民居的民房也让前来参观的游客赞叹不已。不仅如此，如今年画村的村民们在农闲时都会投入年画的绘制创作中，从中取得了一定的经济收入。画村1018户村民中，固定从事年画制作的人有近百名，人均年收入8000多元，业余制作人员200多人，人均年收入5000多元。

2016年1月13日，全国30多家网络媒体集中来到绵竹年画村进行了采访活动。这里的建筑仿若江南水乡，一幅幅年画色彩绚丽，极具吸引力，让游客流连忘返。

（四）开发现代新观光村

该模式主要是将社会主义现代化新农村建设的新风貌进行集中展现，使人充分感受现代新农村的生活和生产方式，从而使社会主义现代化建设的信心得到增强。主要是一些经济相对发达、农村建设走在前列的地区。名声远扬的江苏华西村，就是一个现代观光农村的典范，以及北京房山区的窦店现代观光村，它们都属于这种类型。

江苏华西村

（五）开发度假村

这种模式主要是借助农村优美的度假环境建设的，是以满足都市人们休闲娱乐、亲近自然的需求为主的度假村，主要适用于那些自然生态环境非常好的农村，以满足游客到这里度假、放松身心、疗养等需要。

因此，度假村的建设要注意选址。比如浙江千岛湖周边的一些村落就很适合该模式，另外像北京朝阳区的蟹岛度假村与怀柔区的七星满族度假村均取得了不错的市场效益。

（六）开发新型旅游基地

该模式的建设主要是为了满足都市现代人尤其是年轻人的一种好奇心——喜欢参与到农村生活当中，一般参与的项目与训练项目非常多。比如北京怀柔区的生存岛新概念旅游基地，这里能够满足很多人拓展训练的参与要求。当然，这种旅游产品的开发应具有一定的参与乐趣，而且是无法在城市中找到的，甚至能够满足人们的童心。

该开发模式符合年轻人的口味，而且年轻人占旅游人群的主要部分，所以具有很好的发展前景。现在国内像上海、北京、深圳一些发达城市的周边已建立了许多这样的新概念旅游基地，且都有不错的市场反响。

（七）开发革命纪念基地

该模式的开发主要依靠革命遗址，这种农村生态旅游产品能够满足人们对老一辈革命者的怀念与爱国主义教育要求。比如河北平山西柏坡，这里有 60 多户人家，其中以西柏坡这个红色旅游精品为依托开办家庭旅馆的有 40 多户，开办社会旅馆的有 10 多户。当地许多农民原本依靠土地种植，但无法维持生活，现如今靠发展旅游都过上了好日子。除此之外，保定的冉庄，依靠地道战遗址发展旅游；王家寨村、白洋淀等一大批红色旅游乡镇与旅游村，依靠开发农村红色旅游，使当地的经济发展进入了快车道。

白洋淀

第四节 开发农村生态旅游产品

一、农村生态旅游产品类型

近些年来，我国的农村生态旅游取得了很大的进步，各种资源优化组合形成了多种多样的旅游产品。随着产业的发展，形成了各具特色的类型。

（一）观光型

观光旅游是旅游业的基本形式，农村生态旅游也是从观光旅游开始发展的。主要是以观赏农村自然田园风光、现代“三高”农业园区、养殖业、传统民居和民俗节庆活动为主题。在相当长的时间里，观光型旅游产品是农村生态旅游开发的重点和基础。观光类生态旅游产品是一种简单的开发形式，在开发这类旅游产品时，一定要注重突出其产品的本地特色。具体可以从以下几方面着手：

1. 田园风光

田园风光一直使人倍感安闲，是无污染、无喧嚣的世外桃源。

自古以来，诗人笔下诞生了许多赞赏田园风光的佳作，如我们都熟悉的孟浩然、王维、杜甫和辛弃疾等诗人，他们创作的田园诗词广为传颂。不仅如此，还有描绘田园风光的画作，抒发田园情感的音乐，介绍田园风情的电影，等等。当我们在田园和农村安顿下来，放松身心，抬头仰望一片蔚蓝的天空，那时我们会感受到一种不曾体验的超脱，顿时心胸变得开阔，心情也放松了许多。闭上眼睛，安静地闻着飘散在田园之上的淡淡果香、花香，听着波光粼粼的水塘发出的水声，以及风吹竹林发出的清脆声，感受着微风轻拂衣袖，这或许就是许多人期许的田园梦吧。

田园风光由花卉农园、水果农园、蔬菜园、茶园、竹园、水乡农耕园和中草药园等组成。

（1）花卉农园。这类农园依托大型花卉生产基地，为游客提供全方位的旅游体验。在此游客不仅能观花、赏花，而且可以购买心仪的花卉。同时，农园还将提供园艺习作、插花技艺学习和参观干花制作等多种多样的活动，借此丰富游客的旅程。

（2）水果农园。这类农园主要以成熟果园为主，进行一系列的游览安排。其中，赏果、品果、摘果、买果等是吸引旅游者的主要活动方式。在观光果园的过程中，游客既能亲眼看见果木的生长过程，又能及时品尝到最新鲜的水果。同时，让游客亲自采摘水果，是让其体验丰收喜悦的最佳方式。

（3）蔬菜园。主要是指依托大棚温室和蔬菜园，通过进行观菜、摘菜、购菜以及学习种菜技术等活动，激发旅游者的参与兴趣。

（4）茶园。这类农园主要依托大面积的茶园，进行观茶、采茶、品茶等活动。除此之外，为旅游者介绍中国博大精深的茶文化，使其在茶香中感受茶道的文化底蕴。

（5）竹园。漫步竹林，赏竹观竹，以此吸引旅游者。在观赏过程中，可以让游客学习体验竹编、竹雕、竹枝、竹节造型等艺术活动，同时可出售盆景、竹笋和多种多样的竹子工艺品。此外，还可以教游客烧制竹筒饭，让游客在观赏体验中体会竹文化的精髓。

（6）水乡农耕园。这种农园主要借助河口水网密布的特点，带领游客参观秀水环绕、田园绿野的优美自然风光，一览水乡的柔美风情。同时，努力呈现一幅鸭戏水、荷花开的水乡农耕景观。

（7）中草药园地。这类农园主要针对老年游客设定，主要借助中草药种植基地，向游客传达中国传承千年的中医文化，在讲述中草药知识的同时，教授养生之道，让游客从中受益。

2. 自然风光

农村自然风光是一种取之不尽的旅游资源，开发者可以在稍加开发的基础上开展旅游项目，创造收益。这些天然的风光是巨大的自然资源聚宝盆，也完全可以作为自然旅游资源被开发利用。此外，农村人文旅游资源也是以自然风光为重要构景要素的。

（1）植物资源。植物的花果叶都可以作为被观赏的对象，同时，还可以进行采摘、食用、制茶和制作其他植物标本等旅游活动。此外，针对植物种类丰富的区域，可根据植物种植的季节性，进行植树、育苗、嫁接等植物手工培育活动，引导游客参加实践的同时，附带科普植物学方面的知识，以此丰富农村生态旅游的内涵，最大限度地吸引旅游者。

（2）动物资源。借助农村品类繁多的动物资源，开展观赏活动。在农村，有着各式各样的鸟类、蝶类、鱼类、兽类、禽类等，能让游客感到新鲜有趣，乐于观赏游览。另外，在滨海地区，有着多种多样的鱼类、虾类、贝类、蟹类、海鸟类和潮间带生物等。借此可以开展观赏、鉴别和科学研究等旅游活动。

（3）气候气象资源。在局部小气候的影响下，农村常常呈现出美不胜收的气象景观，这些景观在城市往往很难看到。例如，伴随乡野田园的日升日落，镶嵌蔚蓝天宇的云卷云舒，绵绵细雨后的七色彩虹，茫茫夜色中的点点星光，随季节变化的狂风，等等。这些不仅体现了自然环境的变化过程，而且与农村的风景相映成趣，是城市无法呈现出来的独特风景。同时，与城市相比，农村空气清新，氛围舒适，适合修养身心。利用天时，让游客置身其中，观赏并体验这些独特的气象景观，领略大自然的神奇。但须注意，自然天象往往与自然灾害紧密相连，有时会存在一定的风险，这也就要求在利用这类旅游资源的同时，要确保适度开发，减少环境破坏，同时在观赏过程中做好安全防范工作。

（4）水文资源。是指借助农村的河流、河床、河滩、堤坝，以及池塘、瀑布、山涧和温泉等资源，建构适合观赏的景观，并让游客嬉戏其中，感受自然的山水乐趣。同时，依托农村幽静空灵的自然风景，让游客实现放松身心、陶冶性情的目的。此外，针对滨海地区得天独厚的海景、潮汐、沙滩、海浪和浪花等水文资源，开发相应的旅游项目。

温泉度假村

（5）地质地貌资源。地质地貌资源分布广泛，农村地区尤其多见，借此可以开发丰富多彩的户外活动。在农村地区，不仅有辽阔的平原、起伏的山地，还有险峻的悬崖、纵横的峡谷和一望无尽的河滩阶地，这些地形可以用来开发散步、登山、攀岩等娱乐项目，让游客在游玩中尽情领略大自然的鬼斧神工。观赏游玩的同时，开展地层认知讲解、地质绘画、采集和加工岩石标本、挖掘化石等别具一格的旅游观光体验。

3. 人文景观

人文景观主要包括特色村寨、古村古镇、农村博物馆等。

（1）特色村寨。在我国，基本上老、少、边、穷地区常见特色村寨。这些地区的特色寨区旅游的开发和发展始于国家扶贫政策的实施和带动。与其他旅游形式相比较，寨区旅游发展较晚，这也使得当地的自然景观保存相对完好，民风民俗更淳朴自然。

秀美的田园风光，清丽的自然山水，悠久古朴的山寨，以及与众不同的寨区文化，这些都构成了当地无可比拟的旅游优势。但须注意，开发的同时，也要重视环境保护的意义，可以开发为独立的农村生态旅游胜地。此外，可将休闲度假和农村写生游等项目并入考虑的范畴。

（2）古村古镇。开发古村古镇主要是指以农村民俗为载体所开展的旅游活动，其凭借农村古村落、古镇的原始建筑风貌来吸引旅游者，结合当地居民身处古老村落的神秘氛围，刺激旅游者探奇访古的心理。在村落旅游产品开发上，应以访古和体验为主，同时结合建筑艺术、视觉艺术以及多种其他独具创新的主题项目。

（3）农村博物馆。它是一个集合场所，主要是指将农村文化历史旅游产品全部集中起来进行展示，内容不限，可以囊括各领域的、多样的传统农村生活，包括实物形态、生产生活习俗等方方面面的细节。大致可分为三类：一是实景博物馆，这类博物馆主要是指将小作坊和工厂（当下仍在使用）集中起来进行展示，其中可以着重为旅游者介绍生产历史、古老的生产工具及其他特种产品等；二是园区博物馆，这类博物馆是指在农村特色地域文化、农业园区或牧场等地开办展示活动，对当地农业的生产历史和现状进行讲解，使旅游者深入了解农业生产工艺，此外，还可以在农业园区建立演示区，直观鲜明地为旅游者呈现农业生产与发展的历程；三是陈列馆，这类博物馆要单独建立，主要陈设具有农村特色的产品供旅游者观赏。

4. 农村民俗文化

在我国民俗文化中，农村民俗文化一直处于主体地位，它构成了农村生态旅游的灵魂。伴随着农村经济的不断发展，以及一代一代的继承，民俗文化发生了不同程度的变异，虽然如此，相比城市而言，农村民俗文化的原真性还是较完好地得以保存下来。发展农村生态旅游，无疑可以在每一环节中渗透民俗文化的实质内涵，具体包括如下几个方面：

(1) 农村民俗节庆。这种旅游主要是指将广泛盛行于农村的传统节日作为旅游资源，吸引游览者进村体验，感受别样的节庆风情，探索人类社会进化的神秘历程，寻找农村文化旅游的根源。在农村，我国许多的传统节日文化都得到了较好的保存，如春节、元宵节、清明节、端午节、中秋节和重阳节等，农村的节日庆祝相比城市则有着更具特色和生动有趣的一面。除了这些熟知的节日，一些少数民族地区的特色节日也非常具有吸引力，如藏族的浴佛节、雪顿节和沐浴节，彝族的火把节，苗族的“赶秋”，傣族的泼水节，壮族的歌墟，蒙古族的“那达慕”，还有伊斯兰教的开斋节和古尔邦节等。此外，一些在农村盛行的民俗活动也都

泼水节

具有较高的旅游开发价值，如游春踏青、龙船赛会、阿西跳月、摔跤、射箭、赛马、斗牛、荡秋千等。

（2）乡土文化艺术形式。我国的乡土文化艺术有着非常悠久的历史，内容质朴，神秘奇特，是中外游客深爱有加的一种文化艺术形式。它包括一些地方性活动，这些活动都带有浓郁的地方特色。例如，热闹非凡的舞龙灯、舞狮子，流行于陕北农村的大秧歌，深受东北民众喜爱的二人转，广西的“唱哈”会，西南的芦笙盛会，在河乡流传广泛的“荡湖船”，等等。此外，它也包括初产于农村的民间工艺品，例如，有中国四大年画之称的朱仙镇的木版年画、天津杨柳青年画、山东潍坊杨家埠木版年画和江苏桃花坞年画，独树一帜的贵州蜡染，家喻户晓的南通扎染，享有盛誉的常熟花边，以及各种流行于民间的刺绣、木雕、草编、竹编、石雕、泥人和面人等。可以说，民间工艺品旅游产品和旅游商品的收藏价值显著，并具有旅游纪念意义。

（3）农村民居建筑。分布于不同地域的民居建筑，因其独特的地域性和习俗性而构成了一种建筑文化。通过这些建筑，我们能够对当地的历史、宗教、风俗和地理等有所了解，同时，这些特色建筑也在一定程度上显露了当地的审美特征与文化素养。我国农村民居建筑可谓姿态万千、风格迥异，犹如一幅幅描绘在祖国大地上的立体水墨画，诗意盎然，耐人寻味。民居同时又承载着当地的文化。例如，在青藏高原上高高矗立的碉房，遍布在内蒙古草原上的毡包，喀什农村成片的“阿以旺”，苗乡奇特的“吊脚楼”，云南农村特色的“干阑”式建筑，纳西族的“井干”式建筑，黄土高原的古老窑洞和东北林区的板屋，等等。这些建筑都别具一格，体现着不同地域的文化内涵，使游客耳目一新。民居具有观赏价值的同时，也可以进行民居宾馆的再开发，其因规模小、经营灵活，以及游客与农户近距离相处的家庭式服务模式，利于家庭温馨氛围的营造，吸引游客参与等优势，深受旅游者的喜爱。

案例：

集科研、养殖、旅游为一体——连三岛旅游观光园

连三岛海洋科研综合养殖旅游观光园，位于青岛市黄岛，旅游商品不仅包括新鲜的海产品，海产品种苗与技术的传授，还有体验捕捞乐趣并品尝收获的海产品，这些旅游商品深受旅游者欢迎。该养殖旅游观光园位列青岛市九大农业园区之一，整体分为七个部分。以培育、中试和转化现代化、高科技的海珍品良种种苗为主的苗种繁育中心是观光园的主要基地，主要进行鲍鱼苗、牡蛎苗、海水鱼苗、海参、虾苗、扇贝等苗种的繁育，同时为其他邻近地区提供苗种和技术支持。此外，滨海旅游区主要依托海天一色的自然风光，在逐步改善基础设施（如交通、能源和通讯等）的前提下，打造观光养殖为一体的产业链，努力建设综合性海上旅游俱乐部。

（二）参与体验型

体验经济时代的旅游是以服务为舞台，以产品为道具来使旅游者融入其中的发展阶段。旅游产品的体验性越来越受到人们的关注，参与体验型农村生态旅游主要是指采摘旅游、购物旅游、务农旅游、以水为载体的农家娱乐旅游等。在开发农村生态旅游产品时，要注意开发体验性产品，可以从以下几方面入手：

1. 体验农村生活

生长在城市中的人完全不熟悉农村生活，甚至感觉离自己万分遥远，这也就决定了农村生态旅游的旅游者主要由周边的城镇居民构成，他们在闲暇时，漫步农村，追求着另一种小桥流水人家一般的田园生活，这种恬静温馨的生活是中国人内心最真实的梦，它反映着一种家园情怀和梦想。依托自然风光，再融入质朴的农村文化，这种旅游活动无疑会使旅游者感觉新鲜，在远离城市的喧嚣中，可以卸去疲惫，在农村的宁静中慢慢休憩，同时体验着劳动人民的勤劳和热情，释放内心的压力，重拾工作的动力。此外，借鉴世界慢城组织提出的慢城标准，在农村建立慢生活体验区，着重突出“生态、生活、生产”三大内容，引导城市居民逐渐改变快节奏的工作状态和生活方式，在慢饮食、慢阅读、慢创作、慢运动、慢旅游等慢节奏的生活方式中，寻找淡然和从容不迫的良好心态。

2. 体验历史文化

农村历史文化具有各式各样的旅游资源，如历经岁月变迁的历史古迹，见证伟人的名人故里，历史悠久且兼具古老传统的建筑风格，这些都散发着浓郁的历史文化韵味，令人心驰神往，开发为旅游产品可谓恰到好处。这类旅游地区不仅拥有典雅脱俗的自然环境，更有着风格独特的建筑文化，可以激发旅游者探求历史文化、寻根溯源的冲动与欲望。具体来看，可以在带领游客参观的同时，通过当地村民的讲述，帮助游客了解古建筑背后的文化内含。此外，遍布我国农村的古代民居与建筑也可谓色彩纷呈，其中有着农村古代民居宝库之称的安徽黔县西递村，就较为完好地保存着120多幢清代民居，庭院深深、栋宇鳞次、精致典雅、砖石木雕，一切都令人目不暇接，而隐匿在这些建筑背后的农村历史文化则更显得厚重神秘，具有非常大的旅游开发价值。

3. 体验探险刺激

当常规的旅游活动已经不能满足旅游者的探寻心理的时候，此时可以开展一些富有刺激性的挑战活动，借助神秘的自然界来满足旅游者的好奇心。近年来，农村探险旅游在游客中有比较热烈的反响，相当多的户外旅游爱好者已经踏足农村，进行户外探险的旅游体验，如正在盛行的徒步、自驾车户外探险等旅游形式。较传统的跟随旅行团旅游，户外自助探险旅游显然拥有许多优越性，如不同于常规的旅行线路，就为旅游者带来了更畅快淋漓、惊险刺激的新鲜体验。在具体操作上，可以首先建立以“农家乐”为主的大本营，然后定期组织探险小组，进行荒野寻宝、徒步登山、探访山洞、激情漂流、骑马驰骋等探险活动，使游客获得终生难忘的独特体验。但应注意，进行探险活动必须保障游客的人身安全。

4. 体验农村野外生存

社会的不断发展，使人们的生活日益富足，尤其是居住在城镇的民众，生活环境一直十分优越，这也一定程度上造成了一些问题，即环境的适应能力较差。以城镇青少年为主要目标人群，培养他们吃苦耐劳的精神，以及艰苦环境的适应能力，就需要开展这类旅游商品。具体来看，农村野外生存体验活动能够满足这类旅游目的，当游客脱离了现代化交通、通信设备等条件的帮助，只能依靠自身能力生存的时候，这对其生存能力的提升，坚强意志的磨炼都大有好处，并能成为游客最独特的旅游体验。

5. 亲子体验

随着现今人们生活节奏的加快，忙于工作的父母与孩子之间的沟通和互动越来越少，因此以家庭为单位，开展假期农村亲子之旅是可行的。对于自小在乡间长大的父母，可以带孩子重回故土，领略大自然风光的同时，向孩子讲述自己的成长故事，拉近彼此的情感距离。具体来看，可以以家庭聚会的形式将父母孩子聚集在一起，通过情感流露和游戏互动等方式实现父母孩子间的沟通交流，体验亲情的可贵。

6. 运动康体

这类农村生态旅游产品在旅游资源上有一定的限定，即需要当地有高山、雪原、湖泊等特殊的自然资源，在此基础上，打造温泉、高尔夫球、攀岩等旅游产品，由此来看，这已经不再是单纯的农村生态旅游，而是一种特殊的旅游产品，它需要对得天独厚的自然资源进行再开发。农村风景优美，自然资源丰富，进行运动旅游的开发，不仅能够改善当地的公共生活环境，而且能增加村民收入，是一举两得的举措。现今，我国运动康体旅游活动主要采用“核心—边缘”的扩散形式，即大力拓建城郊的旅游项目，主要有两种特点：一是以距离城市三小时之内车程的城郊地区为对象，这类农村不仅风景优美，资源丰富，而且靠近经济发达的大中城市，从出游率、消费水平和工作节奏等方面来看，都能大力促进周边的旅游发展；二是大力打造知名旅游城市的周边农村，这些农村虽然在风景上不构成较大的优势，但借助核心城市的强大客源也能带动经济水平的发展。例如，几年之内发展迅速的桂林，已经打造了高尔夫、漂流、攀岩等运动康体类农村生态旅游产品，其中乐满地主题园、桃花江度假区、高尔夫休闲大世界、临桂体育休闲山庄、两江四湖、愚自乐园、阳朔攀岩、龙胜温泉以及十二滩和五排河漂流等都闻名遐迩。

案例：

烟台张裕集团

烟台张裕集团与法国葡萄酒业巨擘卡斯特集团在北京密云合资兴建的张裕·卡斯特酒庄是一个企业性国际酒庄，也是我国第一座世界级葡萄酒庄，它集高档葡萄酒生产、旅游观光、休闲娱乐于一体。整个酒庄呈欧式城堡风格，由三部分组成：城堡主楼，建筑面积7000平方米；地下酒窖，近3000平方米；葡萄种植基地1400余亩，其中主题建筑周围400亩。张裕·卡斯特酒庄拥有优质的葡萄种植基地，在此基础上，通过展示高档葡萄酒的整个生产过程，宣传葡萄酒文化，引导消费者正确认识葡萄酒，理性消费葡萄酒，使其成为我国第一家酒庄文化的传播阵地。张裕为了积极倡导和引领葡萄酒文化高端消费，又在广州成立了中国第一个酒庄俱乐部——张裕·卡斯特酒庄VIP俱乐部。另外，张裕集团为了更为广泛地传播品牌文化和葡萄酒文化，还在烟台葡萄种植园内建设了张裕酒文化博物馆，并设立旅游公司，深度开发文化旅游资源，目前形成了以张裕酒文化博物馆为中心，串联酒庄、葡萄基地、葡萄发酵中心、现代化生产线的旅游线路，吸引了大量游客。

（三）休闲度假型

休闲度假型旅游是旅游业发展的新趋势，农村休闲度假是指在农村地区，以特有的农村文化和生态环境为基础开展的旅游活动，主要是到农村农家“住农家房，吃农家饭，干农家活，享农家乐”的休闲度假娱乐旅游。在我国农村休闲的生态旅游产品中最常见的是农家乐、渔家乐的形式，是农村生态旅游发展到一定阶段才出现的一种旅游形式。它深化了旅游产品的层次，增强了旅游者的停留时间和消费水平，对日趋现代化、远离大自然的城市人有着特殊的吸引力。农村休闲度假旅游形式很多，可以开发农业休闲、渔业休闲、林业休闲、果业休闲产品，共同的卖点是独特的“乡村性”。

案例：

茶乡圣地——长兴县

长兴县地处浙江省，东依太湖，三面环山，太湖气候独特，又依托良好的地域环境，孕育了原生态和源远流长的茶文化。近年来，被誉为“茶乡圣地”的长兴打造的紫笋茶和金沙矿泉水，市场已经面向上海，成为远近闻名的水口文化和生态品牌，是旅游休闲度假的胜地。此外，有着长兴“上海村”之称的“度假式农家乐”也在几年内发展迅速，它以专门接待上海游客为主，集度假、休闲、观光旅游为一体，逐步发展成为独具特色的旅游商品。

长兴县农村生态旅游

二、构建农村生态旅游产品体系

开发农村生态旅游从实质上来说，是一个产业融合的过程，根据生态旅游产品与传统农业产品结合的紧密程度，划分出了产品的不同层次。按照目前管理学通行的产品体系，一般可以划分为 3 个层次，即核心层、辅助层、外延层。

1. 核心层。

顾名思义，是生态旅游的核心部门，它直接提供旅游产品和相关服务。核心层所提供的旅游产品无疑是旅游区最具特色的东西，是特色文化的主要载体。一方面，核心资源组成了农村生态旅游的核心层，包括农村景观、农村接待、农村民舍、度假服务等。处于核心层的旅游产品是农村生态旅游产品区别于其他产品的主要体现，它是农村最具特色资源的有机组合，是大旅游业与大农业实现完美结合的主要体现。另一方面，旅游者感受农村生态旅游魅力的主要途径就是通过核心产品，借助这些核心产品，旅游者可以置身田园，化身村民，耕田种花，养鸡垂钓，尽享农村的魅力。

2. 辅助层。

是核心层旅游产品的延伸产品，它在为旅游者提供服务的同时，还带动当地居民参与其中。由此来看，辅助层不仅仅属于旅游业领域，而且还涉及其他相关行业，它的主要产品包括农村特色餐饮、手工艺品、集会活动等。这些产品都融合了旅游产业与周边产业。辅助层的作用不只丰富了核心产品的层次，补充了核心层旅游产品的服务领域，更重要的是它还增加了核心层旅游产品的吸引力和市场竞争力。从当下来看，旅游者的需求呈现多样化的特征，所以说，核心层的旅游产品想要完全满足每一位旅游者的需求已经不可能，更无法指望其能够给旅游者带来全新的旅游体验。因此，在发展农村生态旅游上，辅助层处于不可或缺的地位，是非常重要的农村生态旅游的组成部分。

3. 外延层。

是旅游业发展到一定阶段的产物，主要用于为旅游者完善服务、扩大市场服务等。相对核心与辅助层产品而言，外延层主要提供服务和信息支持。这个层次的旅游产品基本上属于公益性质，也就是说并不直接产生经济效益，因此由政府和行业协会提供居多。具体而言，在农村生态旅游建设过程中，需要政府和行业协会等提供促销网络，打造宣传和预定的平台，借此提高农村生态旅游市场的知名度和竞争力，为发展农村生态旅游拓宽道路。

从当下我国农村生态旅游来看，主要还是以开发核心层的旅游产品为主，而辅助层的产品在农村生态旅游发展的同时也在逐渐被开发出来，在提升农村生态旅游竞争力上发挥效力。但农村生态旅游发展还存在不足之处，即外延层的旅游产品发展得相对落后和缓慢。就核心层和辅助层的旅游产品而言，它们完全依靠当地的旅游资源，而这种旅游资源并不是取之不尽、用之不竭的，不断地开发和消耗，只会加重环境负担，而不能从根本上给农村生态旅游提供永久性的经济保证，想要实现生态旅游的可持续发展则更是难上加难。所以农村生态旅游产品应该在依靠核心层和辅助层之外，着重外延层产品的开发，优化产品结构，逐步建立经济效益、社会效益和环境效益三位一体的新型发展模式。

第五章 农村生态旅游的管理

第一节 农村生态旅游管理的内容

一、旅游目的地管理

旅游目的地管理的核心职能就是对大规划、大法规、大管理、大文化以及大营销等整个旅游系统进行优化配置，最终形成一个与旅游相关的日常运作体系。农村生态旅游目的地管理主要包括以下几个方面。

（一）农村生态旅游目的地规划管理

所谓农村生态旅游规划就是依据农村生态旅游的发展规律、市场特点制定一个目标，并为实现该目标所进行的一系列旅游要素的统筹部署、具体安排。农村生态旅游与普通旅游不同，在进行规划时应该坚持顺其自然、顺应潮流的原则，不仅要使所规划的地区可持续地吸引顾客，还要确保农村可以在保持原有生活方式的基础上慢慢发展，并可以让当地居民从中获益。作为一种技术经济活动，农村生态旅游规划具有很强的科学性，在实施过程中必须坚持特色原则、可持续发展原则、因地制宜原则以及利益均衡原则，进行全面的论证、规划、设计。农村生态旅游规划是旅游规划的一种特殊类型，因此也要遵循旅游规划的一般原则和技术路线。通常规划过程都包括四个阶段：确定目标、调查分析、具体规划、实施。因为每个地区的地理大环境或多或少都有区别，而且农村生态旅游规划的地域范围不一样，有的规划范围只是几个村庄，而有的可能是一个省，这就决定了农村生态旅游规划的内容不可能一模一样，应该根据规划对象的实际情况来制定规划的具体内容。

（二）农村生态旅游目的地法律管理

农村生态旅游的行业管理机构是旅游行政管理部门，这个行政管理部门普遍存在权限小、地位低的问题，因为它的权威性不够，所以很难成为农村生态旅游的管理核心。这主要是因为与农村生态旅游管理相关的法律法规不够完善，对于农村生态旅游中的一些关键环节，如资质的认定、项目的审批、营业执照的颁发等，旅游行政管理部门都无权参与，经营有问题也难以拍板定案。例如，有些旅游接待点存在服务不规范、环境卫生不合格等问题，而旅游行政管理部门只能进行提醒、督促，最终必须协调其他行政部门解决问题。因为相关部门难以很好地协调、配合，很难做到统一管理，这就导致旅游市场一旦出现问题，这些部门就会相互推卸责任。在农村生态旅游发展中，迫切需要可以规范并促进农村生态旅游发展的相关法规，并让这些法规在农村生态旅游建设过程中不断发展、完善，以确保农村生态旅游可以向正确的方向发展，并实现农村生态旅游资源的可持续利用。现在，农村生态旅游法规体系依然非常薄弱，很少有专门针对农村生态旅游的法规，国家机构应协同相关部门，抓紧时间针对扶贫、致富、环境保护、文化保护和创新、经营创新等领域，制定出相关标准、条例。

（三）农村生态旅游目的地文化与环境管理

在发展农村生态旅游、鼓励当地农民通过当地资源扩大致富渠道的过程中，应该注意到别具一格的农村风光和人文资源在很大程度上决定了农村生态旅游的发展，而农村的环境资源和旅游文化都是非常脆弱的、不可再生的，因此开发农村生态旅游必须坚持“保护第一，开发第二”的原则，要走一条“保护—开发—保护”的可持续发展道路。相关研究表明，旅游的适度开发、合理控制，可以提高文化资源的旅游价值及旅游的文化含量，实现旅游的可持续发展。在发展农村生态旅游的过程中，传统资源可以直接转变成旅游产品，使传统资源的价值得到大幅提高，经济手段加上合理完善的行政手段，可以有效保护农村文化。因为发展农村生态旅游会促进人员的交往，难免会出现不同文化的交流撞击。随着旅游规模的扩大，农村会在很大程度上受到城市文化的影响，如果在发展农村生态旅游的过程中忽略甚至彻底抛弃了当地难能可贵的文化特色，忽略当地独特的文化内涵与文化价值，很容易造成不可挽回的损失。

（四）农村生态旅游目的地利益主体管理

旅游业是一个综合性产业，它涉及的利益相关者要比其他行业多得多。国内外很多专家学者在研究旅游业的规划、开发、管理、建设、影响的过程中，都在不同程度上运用了利益相关理论。通俗来讲，某组织的利益相关者就是那些会对该组织的发展、目标的实现等产生影响的其他团体或个人。世界上的所有事物都是相互联系、相互影响的，如果不对影响（这里所说的影响是指对该组织产生直接或间接的主要影响）的程度做一个界定，组织的利益相关者会非常多。在发展农村生态旅游的过程中，不管是农村生态旅游资源的保护工作，还是农村生态旅游产品的开发工作，都与这些利益相关者有很大的关系。各利益相关者之间就像在进行一场多方的博弈，他们会思考自己的付出和收获，都想让自己的利益最大化，他们之间既相互竞争又相互依赖，怎样才能将他们团结到“共同发展农村生态旅游”的旗帜下呢？为了解决这个问题，必须让他们明确自己的成本和收益，知道其中的利害得失，并给他们提供一个可以促进利益均衡的机制。这样一来，他们才会在这场博弈中进行合作，而不是相互抵抗。因此，在开发农村生态旅游的过程中，一定要坚持利益相关者的利益均衡原则。怎样在农村生态旅游开发的过程中找到一个既可以尊重利益相关者的愿望，又实现利益均衡的方案，是农村生态旅游地有序发展过程中亟待解决的一大问题。

（五）农村生态旅游目的地营销管理

目前旅游市场竞争越来越激烈，为了可以获得更多的竞争优势，以营销为主的竞争理念慢慢渗透到了旅游行业的每个领域，营销策略变成旅游开发过程中非常重要的一环。对于所有旅游地来说，通过运用必要的营销手段来塑造自身形象，并慢慢生成一定的品牌效应是一个吸引游客的有效方法。同样，发展农村生态旅游能否成功，不仅要依靠当地别具一格的农村生态旅游资源、优质的服务以及高质量的产品和设施，还要依靠高效的市场营销活动。如果想让旅游业得到发展，就必须把自己的产品推销出去，让潜在消费者成为真正的消费者。我国发展农村生态旅游大多数是各大景区的周边地区或者城市近郊，都是由政府投资开发的。农村生态旅游发展起来之后，当地政府大都不会深入地去了解具体的经营情况，导致很多后续工作不能顺利进行，以至于阻碍了农村生态旅游的发展。市场营销就是存在很多问题的一环。传统的营销方式很难起作用，而新兴的营销方式又必须投入大量资金，由某个企业或农户主导实施市场营销计划非常困难。所以，农村生态旅游地营销管理是农村生态旅游地管理的一项重要内容。

二、农村生态旅游的游客管理

农村生态旅游可以让人远离城市喧嚣、回归大自然，所以农村生态旅游地必须保护当地优美的自然生态环境，并宣传文明生态的旅游行为。旅游者的旅游活动对环境影响很大，目前，很多游客都会选择去农村生态旅游地旅游，多多少少会对当地的环境造成压力。而且因为多数游客都来自城市，在经济条件、文化背景、生活习惯等方面都与农村居民有很大差异，在旅游的过程中，他们会对当地居民的社会文化产生很大的影响。当前很多农村生态旅游地进入旅游旺季后都会因为游客超载导致环境破坏、交通堵塞、基础设施无法满足游客需求、游客食宿供应不上等现象，这样会使该旅游地给游客留下不好的印象，从而影响他们的再次光顾。所以，一个旅游地如果想可持续发展，就必须加强对游客的管理，以免对生态环境带来过大压力，同时使旅游秩序井井有条，建立生态旅游区良好口碑，增大回头客数量。

游客管理不仅是为了保护环境，还是为了给游客提供最好的服务。游客管理具体涉及以下几点：①调控游客数量。如在旅游旺季，根据预定情况控制游客数量，鼓励游客通过网络或电话进行预定，在了解旅游地的具体情况后再出行。在旅游淡季，可以通过降低价格、举办特色活动等方法吸引游客，以免设施闲置，劳动力浪费。②对游客的行为进行规范性管理。可以通过宣传游客行为守则和解说标志来引导、规范游客守秩序、讲文明。③优化资源。可以通过增加景点、步道等方法合理疏散客流。

从形式上说，游客管理的形式包括以下两种：①硬性措施。这类措施主要是对旅游通道进行物理限制和经济限制，可以通过规章制度直接干涉人们的行为，以此让游客意识并了解各种游览要求，至少要让游客认识到为什么要制定这样的规章制度，在执行的时候要有力度，要具有警示作用。比如，停车费、门票、栅栏、划分区域以及限制车辆型号、封路、罚款等，安排专门人员进行巡视，一旦看到违规行为，就要进行批评教育，并进行适当罚款。②软性措施。从改变游客意愿和行为的角度着手来影响游客的行为，鼓励游客使用预定系统，让游客根据解说标志、景区宣传材料、游客规则等说明信息来安排游览时间、游览方式等。这两种形式没有矛盾，可以同时采用。

三、社区管理

发展农村生态旅游的核心内容就是使当地居民受益。社区参与是农村生态旅游可持续发展的一个重要内容和评判依据，是影响旅游业长期稳定发展的重要因素，在很大程度上影响着当地居民的参与程度以及生态旅游的成败。如果想让当地居民参与农村生态旅游，就需要进行有效管理。

第一，要建立一套有效的居民参与机制，这套机制包括社区咨询机制和利益分配机制两部分。要广泛听取当地居民的意见，让居民或居民代表发表自己的观点，特别是在开发和规划旅游的时候，更要注意听取居民的意见，让他们知道旅游规划和发展的具体情况。另外，要让当地居民和旅游直接、紧密地联系在一起，让当地居民自发地成为发展旅游的合作者。例如，居民可以通过开办农家院、餐馆、纪念品商店或者摆设服务摊点等方式参加到旅游业中，或者通过农业种植，为该地区的旅游餐饮提供必要的原材料，等等。

第二，通过建立教育培训体系的方式加强对居民的教育、培训。让当地居民知道虽然发展旅游业会提高他们的生活水平，但他们必须进行适当的配合。这套教育培训体系应该包括对居民服务意识的培训、销售技巧的培训、生态学基础知识的培训以及法律规范的培训等内容。

第三，要坚持“不参与就是最大参与”的原则。如果一个村庄拥入了太多的游客，这个村庄就会失去它本身具有的吸引力。对于游客来说，观看当地居民的生活方式，和当地居民聊天，可能是他们旅游的一个目标。所以要尽量维护当地居民生活的真实性、自然性，让那些没有直接参加到旅游活动中的居民变成游客眼中的一道风景。对于这些没有直接参与旅游业的居民，应该通过集体进行补偿，通过利益的二次分配等形式让他们也能从旅游活动中受益。

第四，社区交流。就是为了丰富居民生活，培养居民的合作意识和学习精神，促使社区居民的团结、交流，从而更有力地确保生态旅游发展的持续性，可以试着建立一种可以有效进行社区维护的学习型社区。

第二节 农村生态旅游管理的原则

一、人与自然和谐发展原则

在进行生态旅游管理的过程中，人与自然的矛盾是最突出的，因此，我们要树立起人与自然和谐相处的理念，并将其作为最基本的指导内容，以使人类和自然一起可持续发展。

人类和自然的关系经过长期的发展，两者的地位不断发生变化。开始的时候，人类的活动不会对自然界造成太大的影响，所以自然和人类一直处于一种低水平的协调状态。后来人类的生产力得到了大幅度提高，对自然的破坏力也在不断变大，随着人类对自然的了解，人类进行了一些改造活动，这些改造活动会给自然带来负面影响，使人类和自然对立起来，最终导致了生态危机。然后人与自然的关系进入了第三个阶段，即人类致力于建设和谐的自然关系的阶段。这时人们明白了保护生态的重要性，所以在生活中的每个方面都开始注重合理利用并保护环境，不再进行掠夺式的开发。

二、社区参与原则

我国进行的农村生态旅游大多兼有旅游扶贫的目的。所以，首先要坚持以农为本的原则，让农民成为受益主体，从而促进农村的全面发展。在进行农村生态旅游建设的过程中，要在尊重农民想法的基础上，鼓励大企业进入、大项目带动，要将农民的利益放在首位。政府要积极引导农民参加到旅游业中来，让农民变成发展当地旅游业的主力，而不是被动的扶贫对象，要让农民成为真正的最大获益者。因此，社区参与原则应该是管理农村生态旅游地的主导原则之一。

在发展农村生态旅游的过程中，农村社区利益分配是决定当地居民对发展农村生态旅游态度的重要因素。发展农村生态旅游是以农村社区的资源为基础的，而且农村社区本身就是一项非常重要的资源。农村生态旅游要把其他地区的人口、思想意识、环境观念等直接引入农村社区，这会直接对农村社区有史以来的文化景观、农村脆弱的生态环境和农村特殊的价值观念造成冲击。所以，农村生态旅游会让农村社区处于一个被动、矛盾的位置，社区利益会直接影响农村生态旅游的成功与否。进行农村生态旅游的企业如果想获得长远利益，长久地在当地发展下去，就必须兼顾农村社区利益。

在发展农村生态旅游的过程中，之所以要倡导社区参与，最根本的目的就是实现社区内参加者的双赢或者多赢。如果想实现这个目标，就必须遵循以下三条原则：首先是在旅游发展规划和政府决策的过程中，要充分考虑当地社区的利益、意见；然后要把社区参与当作一种制度固定下来；最后是将社区的整体利益当作衡量、评估旅游开发和发展决策的重要指标。社区居民从旅游中看到的发展机会越多，得到的收益越大，他们就会越支持发展当地的生态旅游。可以通过以下三个方面判断社区居民是否在社区参与中发挥了应有的作用：首先是参与者的数量和参与的深入程度；然后是参与的公平性，也就是社区居民是不是公平地得到了应有的经济利益；最后是社区居民的意见是不是对旅游规划的决定产生了影响。有一点要强调，社区参与并不是说所有事情都要经过社区居民的同意，那是不实际的，而且也没必要这样做。然而，对于那些涉及社区传统和价值观的重大决定，都必须听取社区居民的意见，只有在获得大多数社区居民的允许后方可实施。

三、经济有效性与生态安全性兼顾原则

所谓经济有效性就是指管理者开发旅游经济的时候，需要最有效地利用生态资源。旅游经济活动的初衷就是利用自然风景，以最小的损耗得到最大的利益。所谓生态安全性就是指在发展旅游经济的过程中，要确保环境资源和生态系统的可持续发展，使其可以合理地存在及再生。

这个原则主要包括以下三个内容：第一，在生态经济系统中，

经济、生态都是非常重要的、不可或缺的，所以在实际发展过程中要二者兼顾。第二，要注意它们的主导和基础关系，在生态旅游中，经济是主导，生态是基础，如果没有生态，经济就无法合理发展。第三，要辩证地看待生态和经济的关系，它们相互依靠、相互制约，又相互促进发展。要将这三项内容贯彻到实际工作中去，只有在保护中利用发展，在利用发展的时候不忘保护，方可最大限度地发挥出资源的潜力。

如果想让这两者兼容，就要求人们在发展生态旅游的时候兼顾大局，主要是确保经济的有效性。我们可以通过三个方面来衡量经济的有效性：首先是管理体制可以对经济产生积极的影响，这是最重要的一点；其次是在索取自然资源的时候，切忌索取过度，一定要严格控制生产方式的扩展；最后是要充分利用好自然生态系统，合理、有效地运用每一份资源，切忌粗放式的经营模式。通过以上分析可知，如果想让生态旅游管理满足经济的有效性原则，就必须确保生态安全性，这要以一定的经济投入为基础。很多旅游区在发展的时候，就是因为不想在这方面进行投资，才使当地生态系统受到了破坏。

四、利益均衡原则

农村生态旅游是建设新农村、发展农村经济的一种模式，其中一个目的就是提高农村居民的生活水平，让当地居民通过发展旅游业致富，这是旅游业可持续发展的重要目的。发展旅游业可以有很多作用，如发展当地经济、提高当地居民的收入和生活水平、使开发商获益、保护环境和资源等，所以，进行农村生态旅游规划时，一定要坚持利益均衡原则。尤其要注意当地社区居民的利益和其他利益相关者（资源、环境等）的利益，假如不能充分关注到他们的利益，不但会妨碍规划的实施，而且会违背发展旅游的最初目的。只有遵守利益均衡的原则，协调好社区居民和当地政府、投资方、游客的利益关系，才可以让社区居民积极地参加到当地的旅游开发和建设中来；只有充分地保护并培育规划区的环境，才可以让规划区的旅游业可持续发展起来。所以，在发展农村生态旅游的过程中，只有通过合适的方法尊重并满足利益相关者各方的愿望，才能让农村生态旅游可持续发展。

五、因地制宜，突出特色原则

现在，我国发展农村生态旅游的开发模式非常相似，很少有独具特色的项目，大多是观光果园、森林公园、垂钓园等，这样的旅游区项目功能单一，内容枯燥。游客只能在观光果园观赏、采摘果实，只能在垂钓园钓鱼，没有综合利用农村资源，而且开发的广度和深度都不够。很多具有开发价值的资源都没有得到充分利用，无法满足现代游客多样化、个性化的需求。在发展生态旅游经济的过程中，应该依据旅游资源的难易程度和价值大小进行开发。所开发的资源要满足提高旅游品牌、彰显旅游特色、具有开发价值三个要求，如果某些资源虽然开发成本小、时效短，但只有一部分游客喜欢，而且开发出来后可能包含低级、庸俗、迷信的内容，会影响到旅游开发的品位和档次，就不应该也不能进行开发。因为有些农村生态旅游区的旅游资源分布不集中，而且经常会以自然、传统、民俗、历史遗存等形式存在于现实生活中，这就可以通过整合的途径进行衔接，使它们的文化价值、历史价值在一条主线下进行考察和开发，并将具有当代精神的价值要素注入这些历史遗存、民俗中去，使其观赏性更强，并更具特色，彰显新时代主题。

所以，发展农村生态旅游必须做到因时因地制宜，开发独具特色的农村生态旅游产品、发展模式，并增强分类指导，促进个性化发展，形成各种各样的发展格局。要根据科学规划合理设定农村生态旅游的发展模式，将独特的乡土文化作为核心，提升农村生态旅游产品的档次、水平。开发景点的时候，要坚持并突出它本身的特色，还要注重保护它的本色。在建设的时候，要尽可能地模仿当地的风格，尽量用当地生产的建筑材料。尤其需要注意的是，并不是任何农村生态旅游资源都可以被开发出来，并获得经济效益，因此要有选择性、有重点性地开发。应该根据当地的实际情况（资源、市场、区位、经济基础、投资环境、投资能力等）进行开发，不能盲目地追求大规模或者国外的做法，更不能不顾当地的实际情况，跟风，追时尚，盲目投资，让原来就比较落后的农村变得更加落后。而是要根据当地的历史资源、民族文化资源，以区位优势和大型景区优势发展为依托，以点带面，通过示范带动作用，在彰显特色、科学规划下发展。

案例：

湘西德夯苗族民俗文化村“篝火晚会”

为了迎合游客需求，德夯景区对乡村资源进行了开发，成功举办了“篝火晚会”。该“篝火晚会”的核心产品是山水实景舞台上的苗族风情演出，将民俗元素的自然美、人文美、民风美、服饰美充分利用并融合在一起，使苗寨风情游转化为文化旅游精品，并创意地将各种零碎的文化资源有机结合起来，配置成一个完美的整体，从而满足了不同游客观赏苗族风情的心理需求。通过观看演出，游客不仅可以与本地文化及自然进行近距离的“亲密接触”，还可以从中享受到宁静、祥和的氛围，摆脱都市的浮华喧嚣和快节奏的工作压力。比如德夯的苗族鼓舞，因为具有声音、节奏和舞蹈动作上的双重冲击力，所以既具有可观赏性，又具有文化上的内涵和“乡村性”特色，再加上游客可以亲身体验、参与，所以被选为重点开发、配置的旅游资源。

第三节　农村生态旅游管理的手段

想要真正地对生态旅游进行管理，就必须从各个方面采取措施，通过行政、经济、法律、教育、科技等手段的综合运用来实现。在具体管理的过程中，要从整体区域视野出发，进行生态化、系统化的管理。

一、行政手段

行政管理手段就是依靠行政组织，运用行政力量，按照行政方式来管理生态旅游的方法。一般采用直接管制的方法，通过政府职能部门这只“看得见的手”具体执行。行政手段通常包括以下三方面：一是建立省（市）、县、乡、村、户五级共管的管理体制；二是建立农村生态旅游环境的评价体系，推动农村生态旅游环境建设工作；三是出台相关管理措施，奖惩分明。如果管理到位，再加上自身的行政权力和法律法规的威慑力，通常都会取得比较明显的效果。

二、经济手段

可以通过弹性票价、报酬奖励、罚款等方式来引导游客。在景区需要保护的季节，可以通过提高票价的方法引导游客暂时不要来该地游玩。可以奖励保护环境的游客，并惩罚那些破坏环境的游客。通过经济杠杆进行调控，例如通过优惠的政策或资金倾斜的方式促进可以保护环境的旅游产品的开发，通过设定较高的经济门槛、税收门槛的方式来减少和禁止对环境有害的旅游产品的开发，形成一种对生态环境优化有利的旅游发展导向。经济管理手段就是通过价格、工资、奖金、罚款、税收、利润等经济杠杆、价值工具以及经济合同、经济责任制等途径，以推动对实现生态环境与旅游经济双重目标的优化管理。把它放到生态旅游层面说，为了使游客数量不超过环境所能承载的最高值，游客的数量可能会减少，进而导致旅游收入相对降低。生态旅游还会导致高额的环境保护费和建设费用，也要把这部分资金投入考虑进去。所以，为了提高收入，并达到平衡状态，可以适当地调高票价。对于职工的工资发放，也可以选择浮动政策，制定一个基本工资，如果职工为维护景点的生态环境做出了很大贡献，就给他们发放奖金，从而调动他们的积极性。另外，还要考虑到把收入中的相当一部分用来补偿环境，例如，维护与恢复生态等。以上经济手段都是为了让开发、经营生态旅游的企业注重生态保护，以在经济上实现生态旅游管理的目的。

三、法律手段

贯彻并执行《基本农田保护法》、《土地法》、《野生动植物保护法》、《环境保护条例》等法律法规，对经营者和游客进行相关法律法规的教育和普及，增强游客和旅游经营者的环境保护意识，一旦发现违反法律、法规的行为，就要依法追究法律责任。

依法管理是保护资源、环境最有效的手段，现在，我国基本上已经达到了有法可依，现有的有关法律法规已经为保护环境和资源提供了法律依据，但还不是非常健全，以后还要根据实际发展状况进行完善。

四、科技手段

科技手段包括推广替代型能源，提倡低污染、可循环能源的运用；加强基础农业研究，做好本地种子的选育工作；合理划分保护区功能分区，根据不同保护区段的特点选择限制使用、降低使用甚至封闭或关闭的方法，减少游客不当行为对旅游资源、环境的影响。

五、宣传教育手段

教育与宣传手段是实现生态旅游管理目标的重要基础手段，从 20 世纪 70 年代以来，一些走在生态建设前端的国家都相继建立了生态环境教育管理制度，通过宣传教育提高人们的环境保护意识，例如，20 世纪 70 年代初，美国制定了《美国环境教育法》，20 世纪 80 年代，这项法规就已经得到了通过和推广，并根据各州的实际情况健全了各州环境教育法。如今我国在这方面也取得了很大的进步，如把生态环境教育抓起来，通过各种各样的方式进行普及，让游客和从事旅游工作的人受到人与自然和谐相处的教育。

第四节 农村生态旅游服务质量管理

农村生态旅游的服务质量是一个整合的结果，所有服务部门和服务人员的表现都会直接影响到游客对整体服务质量的评价，所以每个环节都不能忽视。

一、农村生态旅游住宿质量管理

客房是游客暂时的家，农村生态旅游经营者要为游客提供一个卫生、舒适、安静、便捷的住宿场所，要让游客有宾至如归的感觉。

（一）住宿服务的基本原则

在为游客提供住宿服务时，要坚持“十主动”、“五不可”的基本原则。

“十主动”就是：主动迎送游客，主动为游客介绍服务项目，主动与游客打招呼、问好，主动给游客接递钥匙、开门，主动帮游客指路，主动帮游客送茶，主动给游客续水、补充生活用品，主动照看老、弱、病、残类游客，主动帮游客拿行李，主动征求游客意见。

“五不可”就是：不可使用客房的电话、电器，不可乱翻游客的物品，不可拿游客的烟或小食品，不可与游客发生争执，不可偷拿游客的钱物。

（二）做好迎宾服务

对于事先订好客房的游客，要提前进行迎宾准备；对于没有事先预订客房的游客，要主动为其介绍本店的基本情况，如价位、环境、设施、住宿条件、服务等，以供游客自行选择，切忌强行拉客。将游客引入客房后，要及时为其端茶送水（或根据时令、当地特色及游客的习惯为其奉送其他饮品）、香巾，在这个阶段，要做到“客到，敬语到，微笑到，茶到，香巾到”的原则。.

（三）保证客房干净整洁

关于住宿，游客最关心的莫过于客房的卫生条件。客房周围的环境及清洁度会让游客对农村生态旅游接待服务的评价产生直接影响。

1. 客房日常清洁整理

要合理安排客房日常清洁整理的时间，一般都要在游客外出的时候进行，要遵守及时、方便、不打扰游客的原则。

（1）在清洁整理客房的时候要注意以下几点：①进客房清扫前要先轻轻地敲门，就算确定游客没有在客房内，也要先敲门，不能随便闯入。②清扫客房的时候不能乱动游客的物品，尽量不要移动游客的物品，尤其是行李、文件等。如果因为清扫必须挪动，要做到轻拿轻放，清扫完毕要立刻将其放回原处，而且要尽量保持原状。对于游客的杂志、文件等物品不能随便合上或挪动，更不能翻阅。不能随便扔掉游客的物品，就算已经用完了也不能，游客的物品除非是放到垃圾桶里的，其他的都不能当成垃圾处理。③服务员做完清洁后要立刻出去，不能在客房里休息、停留。

（2）在清洁整理客房的时候应遵循以下程序：①拉开窗帘，打开门、窗通风。②清理客房里的垃圾，如一次性用品等，并将垃圾桶洗净擦干。③替换茶具，在里面换上新水，清洗游客用过的烟灰缸。④整理床铺，如果有污迹或破损要立刻更换。⑤打扫房间，包括除尘、擦拭家具和用品、清扫地面等工作。⑥检查电灯、电视机等设备是否可以正常使用，如果有损坏，要立刻进行修理或更换。⑦更换、添补游客用品，清洗杯具并给杯具消毒。⑧如果客房里有卫生间，要清理卫生间，注意擦拭客房的抹布要和擦拭卫生间的抹布分开。⑨自检。清扫完客房后，服务员要进行自我检查，看是否漏掉了什么工作，房间是否整洁，如果有问题，要立刻进行补救。

2. 走客房的清扫

走客房就是游客已经结账离开的客房。客人离开后要对客房进行彻底的清扫和消毒，为下一位游客的入住做准备，走客房的清扫应遵循以下程序：①拉开窗帘，打开门、窗通风。②撤走客房里的面巾、方巾、浴巾、脚巾等物品，检查客房内物件，如果发现游客落下了某件物品，要设法尽快物归原主。③收拾垃圾，如果烟灰缸里还有未熄灭的烟蒂，要把烟蒂熄灭，然后倒进垃圾桶，否则可能会引发火灾。④撤走游客用过的杯具、床单、被罩、枕套等物品，换上新的，将床整理好。⑤擦拭家具、门窗等。⑥检查电灯、电视等设备是否可以正常使用，如果有损坏，要立刻进行修理或更换。⑦补充房内的日常用品，要对用具进行清洗消毒。⑧自检。清扫完客房后，服务员要进行自我检查，看是否漏掉了什么工作，房间是否整洁，物品是否齐全，如果有问题，要立刻进行补救，检查无误后，拉上窗帘，关闭客房的所有灯具和电源，关好房门。

乡村旅馆

3. 空房清扫

对于暂时空着等待游客入住的客房，每天都要进行简单的清洁，使客房保持干净，即每天要擦拭家具、除尘、打开门窗通风换气。如果客房连续几天都无人入住，还要检查天花板是否结了蜘蛛网等。

4. 卫生间的清洁和消毒

对于农村生态旅游接待服务来说，卫生间的卫生状况是一个相当敏感的问题，卫生间的卫生情况会直接影响到游客对所有住宿服务的满意程度，所以一定要引起经营者高度重视。

（1）打扫卫生间应遵循以下程序：清理垃圾，换掉用过的布巾，刷洗并擦干烟灰缸和牙具杯，清洁台面，擦拭镜子，打扫地面、洁具，换上卫生间用品。为了确保卫生间没有异味，最好喷射一些空气清新剂。

（2）对卫生间进行消毒有以下几种方式。紫外线消毒：通常要在距离地面2.5米的地方安装一支30瓦灯管，每次照射2小时左右，即可杀死空气中50%~75%，甚至90%的微生物。喷射消毒：最好使用快干型的消毒剂或者空气清新剂。洁具消毒：可以用2%~3%的来苏水溶液或者“84消毒液”溶液清洁卫生间洁具，消毒后要进行通风处理。

5. 客房清洁卫生标准

晾晒被单

游客和服务人员通常都是通过看、闻、摸等方式评价客房卫生，客房卫生的感官标准可以用“十无”和“六净”来概括。

“十无”就是：墙壁无灰尘、蜘蛛网，地表无杂物、垃圾，床上用品无污迹、损坏，卫生间无毛发、异味、水渍、皂迹，金属把手无污锈，灯具无尘埃，家具无污迹，茶具无污迹，房间整体无死角，无“六害”（老鼠、蟑螂、蚊子、臭虫、苍蝇、蚂蚁）。

“六净”就是：墙壁净，地表净，家具净，床上用品净，卫生洁具净，所有物品净。

（四）农村生态旅游住宿服务的注意事项

1. 布件的卫生

客房里的床上用品中切忌有头发、污渍等，对于床单、枕套、被罩等布件来说，必须确保每换一位客人都要换一次，消一次毒。

2. 防治蚊虫

农村空气一般都比较湿润，夏天非常容易滋生蚊虫，蚊虫不仅会叮咬游客，还可能传播疾病，所以很多游客都非常重视这一点。如果想避免蚊虫对农村生态旅游住宿服务质量带来负面影响，要做到以下几点：第一，客房内外保持干净，消除蚊虫滋生的环境；第二，要在室外喷射适量的杀虫剂等，消除蚊虫滋生的死角；第三，给客房配备纱门、纱窗、蚊帐，并为游客提供蚊香、防蚊液等物品。

3. 确保客房的通风和日照

农村空气大都比较潮湿，再加上大多都是平房，地气潮湿，很多住惯了楼房的城里人会不习惯，因此，要经常给客房通风、日照，让游客拥有一个舒适的居住场所。

（五）突出农村生态旅游的特色住宿

住宿服务，尤其是农村生态旅游的住宿服务，应该遵循规范化与个性化相结合的原则。从标准化服务角度来说，农村生态旅游的住宿服务肯定比不上星级酒店，所以要在确保服务标准和游客便利的基础上，争取以特色取胜。

1. 建筑样式

可以选择通过内部设施和服务来体现住宿服务的标准化，但建筑的样式一定要具有地域特色和文化特色，要注意让建筑与整体环境相适应，切忌刻意模仿，否则会使建筑变得不伦不类。例如，有些农家乐的建筑物是传统的青砖青瓦、石灰白墙的川西民居，但是屋前却挂着日式灯笼，使建筑物失去了自然的韵味、青砖的厚重，让游客无法感受到农村风情及民俗文化的生活气息。

2. 装修、陈设、用具

可以在客房装修、物品及用具摆设上充分地体现出当地的文化或民俗文化。例如，北方的火坑、老北京的雕花木床等都非常具有地方特色，还可以在客房里挂上当地的一些草编工艺品、民族工艺品，这些摆设虽然都很小，却具有非常大的魅力。

3. 环境

去农村生态旅游的游客通常都是想获得一份恬静、舒适，所以住宿环境要确保宁静、清幽，空气要清新，景致要好，要让游客站在窗前就能欣赏到农村的秀美风光，使心情得到放松。

二、农村生态旅游交通质量管理

发展农村生态旅游有六大要素，其中基础的基础即“行”，而制约农村发展旅游的因素之一就有交通条件，如果不解决交通问题，即使拥有再好的资源，游客也没有办法前往体验。因此，要想发展农村生态旅游，首先要考虑的因素就是交通因素。

（一）保障农村生态旅游交通安全

农村生态旅游经营者中有的会选择租车或是自驾车来接送游客，有的则选择为游客备车，带游客参观附近的景点。如此一来，交通安全问题就成了农村生态旅游经营者必须考虑的问题。

1. 导致交通事故的因素

（1）人为因素。人为因素主要是经营者或驾驶员的责任。作为驾驶员要持有交通管理部门核发的相应等级的汽车驾驶证才可以开车，然而有的驾驶员本人没有驾照就开车载客；有的驾驶员对路况不熟悉或是技术不熟练，遇到紧急情况不能处理；有的驾驶员带着不好的心情驾驶或是长期疲劳驾驶；有的驾驶员驾车时注意力不集中，一边和游客聊天一边开车，以致发生事故；有的驾驶员置交通管理规定于不顾，超载、超速、酒后驾驶等，从而引发车祸。

针对这类原因，对经营者和驾驶员在责任感与职业道德方面要加强管理，自觉遵守道路交通安全规定。在任用或选择驾驶员时，经营者更有责任要认真谨慎进行选择，对于没有驾驶证、技术不过关或者责任感不强的驾驶员，要拒绝任用，并且要加强教育和提醒驾驶员。

（2）天气因素。下大雨、下雪、下雾、刮大风等造成视觉模糊；下雨导致路面湿滑、泥泞，积水漫过地面，以致驾驶员无法对路况进行准确判断；路面积雪造成车辆打滑；山区下大雨导致山体滑坡、泥石流等。

经营者要经常听天气预报，随时关注天气情况，做到对旅游计划能及时调整，遇到恶劣天气时宁可提醒游客将旅游计划取消或更改，也不可以抱有侥幸心理。

换轮胎

（3）道路因素。由于道路狭窄、路面崎岖、连续下坡、急转弯多等造成的交通事故。

（4）机械因素。机械因素主要是承载游客的汽车本身出现了机械故障，比如，方向盘失灵、刹车失灵、轮胎爆裂等。要对车辆加强检修，对于不合格的车辆要拒绝租用。每次出车前，经营者都要提醒驾驶员对车辆进行仔细检查。

2. 发生交通事故后的处理方法

若发生交通事故，经营者没有受重伤、神志清醒的情况下，务必沉着冷静，果断采取相应的措施。

（1）首要任务就是抢救伤员。想办法将受伤的游客送到距离出事地点最近的医院进行救治，或是拨打 120 急救电话。

（2）保护好现场，尽快拨打 122 交通事故报警电话通知交警部门。

（3）迅速报告所属村镇的旅游管理部门。

（4）安抚好游客，若事故不严重，在征询游客意见后，可以按照计划继续旅游活动。

（5）待查明事故的原因后要及时向游客交代，然后将事故发生的经过与处理办法、事故发生的原因与责任、事故的教训与今后的防范措施写成书面报告，提交村镇旅游主管部门。

（6）除了上述几点外，为了对自身的利益进行保护，经营者还要注意收集事故现场的证据。比如发生事故的时间、天气、事故发生时的行车方向、车辆相撞的部位、路面状况以及附近有哪些交通指示牌等。将对方车辆的型号、车牌号记下，如有可能将对方驾驶员的姓名、有效证件以及保险公司名称等记下。若路上有其他目击者，可以请他们做证并留下联系方式。用相机或带有照相功能的手机及时将事发地点的情况、车牌、车型、车辆撞损的程度等拍下来。

（二）促进农村生态旅游交通便利

1. 可进入性

旅游地的可进入性即“行”，总的要求为“进得来，出得去，散得开”。其中“进得来”与“出得去”很容易理解，也就是要保证游客可以方便、安全地到达与离开旅游地。但是光有来和去是不够的，还必须得“散得开”，一方面空间要足够大，接待游客时不会显得拥挤、杂乱，游客之间不会因为相互干扰而对旅游体验带来影响；另一方面旅游地内部也要规划出合理的游览线路，并有清晰的标志牌，以便于游客游览。

2. 游线设计

在设计旅游线路时，可以考虑曲径通幽，或是豁然开朗，又或者是将这两种手法进行结合，总之就是合理串联农村所有特色，让旅游地的魅力完全展现在游客面前，带给游客全新的体验。在设计游线时，游客安全问题要进行重点考虑，不可一味追求旅游线路的新奇，而对安全隐患有所忽视。除此之外，经营者有为游客提供向导服务的义务，在交通条件比较复杂的旅游地，也可以赠送比较有特色的地图，比如手绘的羊皮纸地图等，既方便了游客，又可以作为一件独特的纪念品。

3. 停车问题

参加农村生态旅游的大多是城市游客，且基本上都是自驾车或是包车前往，如此一来，停车便成了一个大问题。因此，务必保证有足够的停车位，不仅要有农村统一规划的停车位，还要有经营者自家开设的停车位。设计停车位时，要保证停车对游客的游线不会造成干扰，更不能对农村静谧的氛围以及秀美的自然风光造成破坏。

三、农村生态旅游游览质量管理

针对具有一定规模的农村生态旅游景点，务必要对景点提供导游服务。一方面有助于游客的游览，引导游客去体验；另一方面对景点的吸引力要有所强化，使游客对景点的认知度提高，这样有利于树立景点品牌。

（一）农村生态旅游导游服务基本要求

1. 做好知识储备

导游人员要较为全面与深入地了解所要讲解的景点及所在地区，以及相应的生态、建筑、历史、地理、文物、园林等知识，才能满足游客的需要，为其提供个性化的解说。拥有丰富知识的导游易让游客对其产生好感，从而能够增强与游客的互动，对游客的游览体验也会有所提高。

2. 规范导游服务标准

制定景点导游人员的工作规范，根据标准提供服务。下车之前，提醒游客将所乘车辆的颜色、标志、型号、车牌、停车地点与出发时间等记住；将游览的线路与时间、集合的时间与地点以及游览中要注意的事项进行说明；要有针对性地对景点进行介绍，且讲解的内容要把握重点，亦庄亦谐；对游览的时间要进行合理安排，注意劳逸结合，以及集中与分散相结合，尤其是要对腿脚不方便的游客进行特别关照；留意游客的动向，以防游客走失。

3. 提供“合理而可能”的服务

“合理而可能”原则不仅是导游人员处理问题以满足游客要求的依据及准绳，还是导游人员服务的原则。在游览的过程中，游客通常会有求全心理，也许会提出过高的要求或是不满。对游客的要求和不满的处理会影响到整个游览服务的质量，务必要重视。导游人员要认真倾听顾客所提的要求，冷静分析是不是合理，合理而可能实现的要尽力去满足；反之则要耐心地进行解释，请求游客的谅解。

4. 规范化与个性化相结合

导游人员的服务要符合工作要求，同时还要依据游客所提出的合理要求，提供个性化与灵活性的服务，这样才能真正使游客满意。要将大多数游客和个别游客的需求与利益都考虑到，要规范与灵活。

（二）农村生态旅游导游服务程序

准备服务、游览前服务、游览中服务及送别服务组成景点导游服务。

1. 准备服务

准备服务包括：对基本情况要熟悉，即对要接待的游客的基本情况要有所了解，比如人数、职业及身份等，并依据游客的情况准备必需的专业知识以及导游讲解方式。物质准备，要备好景点导游图或是其他相关资料以及导游讲解的工具。

2. 游览前服务

游览前服务包括：致欢迎辞、核实与清点游客的人数、景点的概括简介、提醒要注意的事项、通知集合的时间与地点等。

3. 游览中服务

游览中服务包括：介绍景点的背景、讲解景点。

在游览中进行讲解服务时要注意主次分明，突出重点，对重要景观进行讲解时要选好景观的角度，进行细致地讲解，重要的内容要逐字逐句进行说明；注意运用文化知识来对景点进行诠释，以使游客能够领会景点中蕴含的文化内涵，从而获得美的享受；要将层次把握好，寓教于乐，寓理于游，讲解时不适合包含过多太长太虚的内容，尤其是有关思想教育的内容要点到为止，切不可生搬大道理，严肃地说教；讲解的内容与方式要有针对性，依据游客的地域差异、文化程度与理解能力等情况不断对导游词进行调整，亦庄亦谐，贴近游客；讲解的过程要与景点相结合，对游客宣传要保护生态环境与保护文物；保护游客的安全，留意游客的动向，以防游客走失或是发生意外情况。

4. 送别服务

送别服务包括：结束游览后，导游人员要对游客致欢送辞，注意内容要简短，感谢游客的配合，就导游工作和景点方面征询游客的意见及建议，并欢迎游客再次光临，还可以赠送景点资料或是小纪念品作为留念。

(三) 农村生态旅游游览内容要求

1. 当地主题性景点

一些农村还有更为丰富的资源，比如建有农村博物馆、民俗博物馆、农事博物馆等；有的地方还是某位名人的故里，因此名人的故居或遗迹也就成了特有的景点和看点。类似这样的主题类景点能够给当地的农村生态旅游增色不少。

2. 农村田园风光

随着工作节奏的加快、生活环境遭到破坏以及生活压力的增大，越来越多的城市人想要远离大城市的喧嚣，摆脱钢筋水泥的“牢笼”束缚。因此，环境自然古朴、氛围祥和、民风淳朴的农村，通过求新、求异、追求“原汁原味”的旅游备受城市游客青睐。农村田园景观展现出来的那种恬静、和谐、朴实与充满生机的天然风韵，成为了城市居民感情上与精神上的“寻根之处”。

3. 农村建筑风貌

农村建筑被誉为“没有建筑师的杰作”，它是劳动人民勤劳和智慧的结晶，结合了具有地方特色的农村文化和精湛的技艺，充分体现出材质之美、环境之美、人文之美及人伦之美。同时，各个地区的建筑样式充分考虑了当地的气候、地理与环境等条件，是对旅游地的自然条件与人文特色进行了解的一个重要窗口。

4. 农村农事活动

农村居民勤劳、朴实，其耕作收割、纳鞋底、编草鞋、绣花、纺线、炒茶叶、制烟等农事劳作，在城里游客看来，就是一道亮丽且独特的乡间风景线，具有很大的吸引力。

采摘茶叶

（四）农村生态旅游的游览质量要求

（1）农村的庭院干净且整洁，周围环境的氛围要和谐，建筑的布局要合理，周边的建筑物和景观格调要协调，绿化要好。

（2）旅游地的游客停车场要足够多，且布局要合理，在为游客提供方便的同时，不能对游客的游览、景观的质量以及当地居民的生活造成影响，车辆摆放时也要整齐有序。

（3）接待设施区域内不可以养犬与放养家禽，圈养家禽应当远离生活服务区。

（4）游览区内要设置交通、景点的指示牌与游览平面示意图，且要醒目，容易让游客看见，并配有至少中英文对照的简介。

（5）游览区内设施设备要完好，活动的项目要明码标价，在危险的区域还要设立警告牌。

（6）游览区内要设置加盖的垃圾箱，以确保没有暴露的垃圾，并且做到每日清洁。

整洁的垃圾箱

（7）游览区内的沟渠河道要保证水清、没有漂流物，各主干道路及景点要配有常绿树种以及按照季节种植花卉草坪，以营造一个舒服的旅游环境。

四、农村生态旅游购物质量管理

购买到满意的商品会让游客的心情非常愉悦，还可以当作农村生态旅游的纪念品，为游客带来美好的回忆，使游客对整个农村生态旅游服务的满意度有所提高。若旅游商品具有特色，设计得很巧妙，且让人难忘的话，还会为经营者带来回头客，同时可以作为一种很好的广告，以吸引更多游客光顾。

相比较商场中的上档次商品，一些经营者会担心自家的东西太过“土里土气”，于是不知道能卖什么。其实经营者应当对自己的“商品”有信心，因为这些你感觉最土气、最普通、无法拿出手的“土货”，在游客眼里极有可能正好是稀罕物。要对自己的资源进行正确评价，积极大方且技巧地进行宣传与推销。

又比如纳鞋底、草编、剪纸、绣花、陶艺等手工活儿，在城里几乎已经看不见了，游客一般都很感兴趣。针对这类“商品”，不仅可以出售成品，还可以准备一些制作材料，邀请游客一起参与，将这些民间活计教给游客。如此一来，一方面增加与游客的互动，丰富了“娱”的内容；另一方面将无形商品（技艺）与有形商品（物品）相结合，为游客带来更大的乐趣与成就感，且具有纪念价值。

（一）农村生态旅游商品的设计

从当地土特产、地域文化、手工技艺中挖掘亮点，通过合理的设计，将其开发为旅游商品。但要注意的是，在保持核心特色与文化的前提下，依据游客的习惯与禁忌做出合理的改良，以便更好地与市场需求相适应。例如，该旅游商品和主要游客市场的禁忌产生冲突时，就得做出相应的调整，否则不会受到游客的认可。

（二）农村生态旅游商品的包装

旅游商品的“原汁原味”主要体现在物品本身，不是指不可以包装，相反，更应当进行一定的包装，这样一来，不仅更有“卖相”，也更能满足游客的需求。例如农产品，如花生、大枣、毛豆等，虽然新鲜喜人，但不适合携带，这就可以选用当地草编、竹编的小筐或小篮装上，然后扎上彩带，这样不仅好拿还好看，而且游客还可以将其当作礼品送人。同时，也促销了当地的手工艺品，收到礼品的人或许又会成为新的顾客。还有地里刚摘的蔬果，虽然很新鲜，但有的上面还有泥土，可以对其进行简单的擦洗及包装，既让产品看起来更美观，又为游客带来方便。

（三）农村生态旅游商品的促销

促销农村生态旅游商品时技巧很重要：第一，要抓住合适的时机，自然地去促销，不可以强买强卖。过多地推销商品，不会让顾客产生兴趣，反而会厌烦，甚至反感。第二，将商品的促销与其他服务环节相融合。例如，提供餐饮服务时可以为游客准备用当地土特产烹饪的菜肴、自家酿制的米酒、具有当地特色的餐具，然后让服务人员在上菜的时候进行简单的介绍，若是客人喜欢，那么在离开前自然会购买。第三，农村生态旅游商品的促销实际是在其他旅游服务的基础上建立起来的。若经营者具有很高的服务质量，让游客感到满意，并让其有信赖感，这时游客通常会很自然地购买推荐的旅游商品。所以，归根结底要将每一个环节的服务工作做好。

（四）常见的农村生态旅游商品

其实，可以作为农村生态旅游的商品有很多，大致可以分成以下几类。

1. 新鲜果蔬

现采摘的蔬菜水果，如萝卜、韭菜、茄子、毛豆、西红柿、黄瓜、花生、大白菜、苹果、枣……到了收获的季节，这些生长在田间地头的，还带有露水与泥土气息的农作物，即是最好的商品。对游客来说，相比超市里没有生机的蔬菜水果，这些更具有吸引力，而且成本较低。同样也可以让游客一起参与采摘，增强游客的趣味性及购买欲望。

2. 农家的储藏品

农村特色储藏品也有很多，比如当年的新米，储备的土豆、大南瓜、红薯等，自家腌制的泡菜，具有独特风味的香肠、腊肉等，也备受游客青睐。

3. 本地区的土特产

经营者自家生产的烟叶、制作的山楂糕、磨的豆花、酿制的米酒、后院放养的土鸡，以及挂在屋檐下的红辣椒，均是在城里花钱也非常难买到的东西。要注意的一点是，最贴近生活、最绿色生态、最普通的就是最受游客欢迎的。

4. 特色民俗文化商品

在一定意义上旅游商品还是一个符号，象征着本区域或是本民族文化，所以对于具有地域性或具有民俗文化特色的商品，游客会很感兴趣，尤其是那些地域文化特色明显或是少数民族地区，经营者更应当在这一方面多加思考。若旅游商品能与材质美、器物美、文化特色和实用性相结合，则会具有很大的发展前景。例如鹤庆县的新华村，该村位于云南大理白族自治州，主要的旅游商品是金银铜器制品，极具民族特色，深受游客喜爱。

五、农村生态旅游餐饮质量管理

在农村生态旅游服务中，卫生问题一直备受关注，尤其是饮食卫生。一些经营者认为游客来农村旅游就是为了体验“原汁原味”的农村生活，于是也不改进平常生活中那些不健康的卫生习惯，往往还以“这就是农村生活”来回应游客。其实农村生活不应该这样，作为社会主义新农村的生活也不应该是这样，更不应该是农村生态旅游经营中所要展现出来的农村生活。饮食卫生是经营者要注意的首要问题，这直接影响到游客对农村生态旅游餐饮服务质量的评价。

（一）确保食品卫生安全

1. 遵守《食物加工、销售、饮食企业卫生五四制》

（1）从原料加工成成品要实行“四不”制度，也就是采购员不购买腐烂变质的原料，保管验收员不验收腐烂变质的原料，加工人员（厨师）不使用腐烂变质的食材，营业员（服务员）不出售腐烂变质的食品。

（2）用具要实行“四过关”制度，也就是一洗、二刷、三冲、四消毒。

（3）环境卫生要实行“四定”制度，也就是定人、定物、定时、定质量。

（4）存放食物时要实行“四隔离”制度，也就是熟的食物和生的食物要隔离，成品和半成品要隔离，食物和杂物、药物要隔离，食品和天然冰要隔离。

（5）个人卫生方面要实行“四勤”制度，也就是勤换工作服和毛巾，勤洗衣服和被褥，勤洗手、剪指甲，勤洗澡、理发。

2. 做好消毒工作

（1）餐具用过之后要及时进行洗刷，然后刮净，并进行消毒，菜板、刀、砧板要竖立放置；勺、铲等其他厨具用过之后也要洗刷干净。

（2）盘子、杯子、筷子、碗等餐具使用完毕，应当使用温水将其洗刷干净并消毒，最后将其放在专门放置的柜子里。

（3）定期对设施、设备与机械进行消毒，一般用消毒灯消毒。

3. 达到食品加工过程的卫生要求

（1）确保原料的新鲜，若食品或原材料腐败或不符合卫生要求，不能使用，更不能将其加工成食物；制作时原料要认真清洗干净。

（2）加工的过程中，原料、半成品、成品以及工具、容器等应避免交叉污染。

（3）食物必须要煮熟，中心温度要超过 70℃。熟食若隔餐隔夜，再次食用时要充分加热。

（4）食物烹调好后，在食用之前，置于常温下的存放时间不可超过 2 小时。

4. 培养员工良好的卫生习惯

（1）在准备饭菜的过程中，服务人员禁止在操作过程中吃东西、吐痰、抽烟；不可以做挖鼻孔、剔牙、掏耳朵等动作；不可以对着食品打喷嚏；品尝食物时不可以直接用烹调的勺子；切配冷餐食物的时候应该戴上口罩；制作饭菜的时候手上不可以戴戒指、手表、手镯等，更不可以涂抹指甲油。

（2）服务人员使用的抹布与擦手布要随时进行清洗。每天要煮沸消毒，时常置于阳光下进行晾晒，注意不可以一布多用，避免交叉污染。餐具消毒完毕不要再用抹布进行擦拭。实行切配与烹调双盘制。定时对泡原材料的水盆进行换水，要分开装新油和老油等。

（3）对职业道德与服务素质加以提高，自觉做好个人卫生。

5. 员工健康体检

（1）参加食品加工、经营及服务的人员应当进行健康检查，获取卫生监督机构签发的“健康证”之后才可以进行工作。

（2）经营者要定期组织所有服务员工进行体检，通常一年或半年进行一次，凡是患有影响食品卫生疾病的人员，应当迅速从直接与食品进行接触的工作岗位上调离，等治愈后再继续工作。

（3）经营者家中若有人患有不适合从事餐饮行业的疾病时，如传染病、皮炎、肺病等，应当暂停营业。

（4）根据卫生防疫部门的要求，对服务员工进行预防接种。

6. 处理食物中毒

依据食物中毒的特点，确认发生食物中毒事件时，首先应当及时将中毒的游客送到最近的医院。食物中毒时的抢救工作能否及时、正确，对游客的生命安全有着直接影响。随后，要赶快报告当地卫生防疫部门，以便能及时到达现场进行处理。

（1）及时处理剩余食物、患者排泄物。引起食物中毒后，剩下的食物不可以随便丢掉，应将其放在锅中煮，煮沸 15 分钟后进行销毁，液体食物可以和漂白粉进行混合消毒。食物中毒患者的排泄物可以使用5%的来苏水、20%的石灰乳或是漂白粉乳状液等进行消毒，饮食器具应当使用1%~2%的碱水或是肥皂水进行煮沸，或是使用漂白粉溶液进行消毒。若家具、墙壁、地板遭到污染，也应进行擦洗消毒。

（2）及时处理污染源。经营场所如果有患上呼吸道感染或化脓性皮肤病患的人员，以及患有肠道传染病患者、带菌者，应当暂停营业。

（3）及时报告和总结。若食物中毒的现象是由于采购的食品带菌或是含有有毒物质所致，应当及时报告给当地卫生防疫站，采取必要的措施，防止有毒食物继续销售，避免继发食物中毒。

除此之外，还应当找出引发食物中毒的原因，进行认真总结，制定有关的卫生制度，并落实防范措施，杜绝再发生此类事件。

（二）提供健康饮食

1. 基本的食物营养搭配

（1）无机盐搭配维生素。维生素与无机盐的搭配，一是可以促进吸收，有助于提高营养价值，比如维生素 C 促进铁的吸收，维生素 D 促进钙的吸收；二是可以相互辅助，比如锌可以维持人体血浆中维生素 A 的水平，硒能够加强维生素 E 的抗氧化作用。

（2）无机盐搭配营养素。饮食中乳糖、蛋白质供应充足有助于钙的吸收，所以虾皮炒鸡蛋、鱼头炖豆腐都是能使蛋白质促进钙吸收的好菜。

（3）无机盐之间的搭配。含铁和含铜的食物共同食用是相宜的，比如花生、瓜子与肉类、肝脏、鱼类、豆类、牡蛎、蘑菇等。

（4）产热营养素之间的搭配。由于糖类、脂肪和蛋白质被称为“三大产热营养素”，所以糖类、脂肪和蛋白质这三大类营养物质的搭配即产热营养素之间的搭配。

（5）维生素之间的搭配。合理搭配维生素能够使营养增值，比如用植物油炒羊肝、猪肝，使羊肝、猪肝中的维生素 A 与植物油中的维生素 E 产生协同作用，而油脂有助于它们的吸收；用煮熟的花生米凉拌芹菜，花生米中含有维生素 B_1 和维生素 B_2，有助于促进吸收芹菜中的维生素 C。

（6）维生素搭配产热营养素。例如，胡萝卜具有很高的营养价值，但不适合生吃。如果生吃胡萝卜，胡萝卜中 90%的胡萝卜素会被排泄掉，无法发挥其营养作用。最好将含油脂丰富的肉、干果、食用油与胡萝卜一起进行炒、炖或是凉拌。

在服务员上菜的时候或是客人点菜的时候，可以将菜式的营养搭配与设计简单地介绍给客人，并依据客人的情况进行推荐，一是让游客感受到经营者的用心与服务质量，这也是无形服务有形化的一种有效手段；二是教游客一些饮食小常识。

2. 农家菜的类型

（1）传统农家菜。传统农家菜要求主次分明、注重选料、讲究刀工、分色配菜，主要为传统味型。代表菜有蒜泥白肉、回锅肉、鱼香肉丝、咸烧白、萝卜连锅汤、东坡肉等。

农家菜

（2）大众农家菜。在体现正宗风味的前提下，大众农家菜具有制作简单、口味寻常、配料简单的特点，多是家常菜式与大众便餐。代表菜有水煮肉片、榨菜肉丝汤、韭黄肉丝、青椒肉丝、番茄炒蛋、粉蒸肉等。

（3）风味农家菜。在正宗菜肴的基础上，体现出地方特色风味，其特点为系列化、独特性、适应性强，具有多个品种，自成体系。代表菜有竹筒鸡、竹筒火腿、竹筒鸭、竹筒汤、竹筒饭、豆花、豆花鱼、豆花汤、豆花鸡、豆花饭等。

（4）特色农家菜。这类菜色以各地正宗菜式为基础，着重体现特色。代表菜有砂锅鱼头、川北凉粉、烧鸡公、石磨豆花、麻婆豆腐、东坡肘子等。

（5）新潮农家菜。此类菜主要为流行菜与创新菜，体现出一定的地域与阶段的风格，具有一定的新奇之处，通常菜名就非常有吸引力。代表菜有叫花鸡、苦瓜鸭掌、牙签牛肉、藿香鱼条、农家面鱼、凉粉鹅肠、桑拿鱼片、果香夹沙肉、泡椒串串兔、葫芦鸡等。

（三）彰显地方特色

1. 挖掘传统美食

农村生态旅游不怕“土”和“俗”，就怕没有特色。游客到农村旅游，就想吃“传统”、吃“特色”、吃当地的“民俗文化”，对大鱼大肉与一般的饭菜并不感兴趣。

2. 创新本地美食

饮食如果一成不变，即使再美味、再有特色，不停地重复做，游客肯定会对其感到厌烦。所以，要不断地对本地产品进行合理的改进与创新，同时挖掘新的有特点的菜品，这样才能满足游客的胃口，留住游客。例如北京市延庆县柳沟人并未满足于传统的黄豆豆腐，而是经过改制，推出了“三色豆腐”及一系列豆制品，让游客能够不断体验新鲜的美食，不断增强吸引力。

3. 创造舒适环境

农村生态旅游讲究“原汁原味”，但也要改善一些落后的条件，以及改变一些不好的习惯，餐饮对环境、卫生、舒适具有很高的要求，应使游客的需求得到全面满足，使餐饮服务的质量不断提高。

4. 展现淳朴民风

游客前往农村旅游，除了在吃和玩的方面要好之外，更是想要感受一下农村热情淳朴的民风。因此，不仅仅是美食，更是要吃得放心、舒心与开心。而这更多的是对经营者服务态度与服务意识的要求，经营者的服务既要热情周到，还要有人情味。

5. 加大宣传力度

农村生态旅游中不能抱有“酒香不怕巷子深”的这种思想，因为即使拥有非常美味的菜肴、非常有特色的文化、优质的服务，不被游客熟知就会效益低下。要通过各种途径去广泛宣传，其中最有效的宣传是通过对游客服务质量的提高，使游客满意，从而树立好的口碑。

6. 打造品牌形象

要想将农村生态旅游做大做强就必须树立品牌，而一家一户单独经营是无法做到的，必须实行联合开发，构建产业链。

第六章 农村生态旅游的经营

第一节 农村生态旅游的经营模式

农村生态旅游景观与农村生活方式是农村生态旅游的核心资源，但相比城市而言，农村较为落后，不能独立进行区域旅游开发，需从外部引进资源。因而，农村生态旅游在开发过程中，根据各种利益相关者的相互关系，构建了不同区域的农村生态旅游的经营方式。依据各个参与方的职能、利益与合作方式，我们可以按照不同的经营模式对农村生态旅游区进行以下分类。

一、分散自主经营模式

以农村社区居民为主体的产业组织模式即分散自主经营模式。这种模式是依据民主管理、自愿互利的原则，以各个单位业户为经营单位，自发组织建立。其中，农村生态旅游资源的所有者就是这种经营模式的经营主体，而不再通过租赁或委托等方式交与外来企业进行经营，这就使得旅游开发的经营权和所有权实现了合并。从经营规模上看，采取一家一户的经营方式，也就提供了“农户型”农村生态旅游产品。

农村生态旅游发展的初期往往都是分散自主的经营模式，是由农村中明智的精英分子最先看中市场机遇，随后这些精英开始涉足农村生态旅游活动，起到了示范作用。后来，因为这项投资项目经营灵活、投资少、风险小、见效快，于是其他农户们也纷纷加入旅游接待的行列中，农村生态旅游开发模式便快速发展成“农户+农户”模式。这种模式是农村生态旅游开发的早期模式，也是最具代表性的模式之一。

农村农户积极加入农村生态旅游开发，这从农业生产中解放了大量农村剩余劳动力，开始向第二、第三产业等行业转型，不仅有利于农户增收，保护农村生态，还有利于农村非农化进程。从农村生态旅游业的发展角度看，分散经营模式的优越性很大，主要表现在：首先，当地社区居民掌握了旅游资源使用权、管理权与主动参与权，有利于调动农户管理与经营的积极性，扫除了农村生态旅游长期发展以来的制度性障碍；其次，从经济上使农村全体居民的旅游收益得到了保障，一方面避免了政府进行行政干预，另一方面使农村生态旅游的大部分利润避免被外来企业攫取；再次，相比较而言，通常自主经营模式投入比较少，接待的数量也比较有限，但农村文化的保留最真实，游客能够体验最真实的本地文化与习俗，成为最受游客欢迎的农村生态旅游形式；最后，生产者是直接向消费者推销农村生态旅游产品的，这就减少了产品的交换环节和流通环节，对于农村农户来说，农村生态旅游产品的实现价值得到增加，农民的增收渠道有了保证。

在农村生态旅游的兴起阶段，广大农户比较容易接受和选择的就是分散自主的经营方式，但是从农村生态旅游产业规模的扩大与规范发展角度来说，它存在较大的局限性。首先，通常农户从事旅游开发与经营时，不具备较高的职业素质，且追求短期利益，由于太过简单地效仿，导致旅游活动单一、旅游项目重复的问题出现，逐渐使农村生态旅游的乡村性与趣味性丧失；其次，随着竞争不断加剧以及门槛的降低，又因为农村农户缺乏规范与约束机制，于是为了维持自身的经济利益，往往会使用恶性压价等不恰当的竞争手段，甚至降低服务的质量，出现宰客、抢客等不文明竞争行为，这不仅会对农村社区的和谐发展带来不利影响，还会给建设农村生态旅游目的地的形象带来影响；最后，在经营观念和经济实力等方面，由于农村生态旅游经营者自身存在限制，于是在市场推广与服务管理方面处于弱势。因此，许多农村建立了农村生态旅游协会，然后通过制定共同的发展目标与管理制度，对农户的经营行为实行规范约束，使得这种经营模式的经济效益与社会效益能在民主意识的指导下，更加有效地得到发挥。

二、公司+农户经营模式

农村地区的旅游资源特别丰富，可以通过引进具有市场运营能力与经济实力的旅游企业，对农村基础设施的建设与基础环境的改善进行经营与管理，与农村农户一起合作开发农村餐饮、住宿等接待设施，带动并组织村民加入到开展农村民俗观光旅游活动的行列中，然后通过市场营销招揽众多游客，建设非常具有特色与吸引力的农村生态旅游目的地，而这种经营方式称为“公司+农户”经营模式。

公司在这种经营模式下通过资金投入与技术输出，拥有了农村生态旅游地区的经营权，同时对各个农户的餐饮与接待服务产品进行了统一的定价与规范管理，一定程度上对农户的旅游经营活动起到了控制作用。公司与农户签订合约，旅游产品的生产环节便由农户负责，而公司则负责市场与销售环节，二者进行优势互补，在经营层面实现了一体化。

相比分散农户经营模式，公司作为经济实体，具有较大规模，在农村单个经济组织与农民个体不具备的技术、人才、设备与资金等方面具有优势，其最终追求的目标是经济利益最大化，而公司和农户进行的协作经营，对于在分散自主经营的过程中出现的农户的小规模经营，以及在市场经济情况下的大市场运作之间产生的矛盾，能够得到解决。尤其是公司对农村生态旅游地区进行统一的价格管理，不仅可以使农户经营中机会主义的出现得到最大限度的避免，还能成为整个旅游地区以低价格策略获得竞争优势的主要形式。除此之外，由于农户缺乏从事旅游业的经验，所以服务与接待设施都难以达到相应的标准，而在专业化的公司规范管理服务接待标准与操作流程操作后，农村生态旅游地的形象将得到提升，游客的基本需求将得到满足。

然而农村生态旅游地的经营效果受到公司和社区居民之间的协作博弈带来的影响。由于公司具有强势的资本和组织，往往所处的地位具有优势，农户所处的地位就比较弱势，在制定合约方面处在不利的地位，难以维护自身的权利与利润获得，进而出现了公司和农户的利益很难协调的局面，这也对农村生态旅游地开发的持续进行造成了影响。因此，公司与农户都作为农村生态旅游开发的经营主体，务必坚持以公司为主导、以农户参与作为基础的农村生态旅游产地内部产业组织合作机制，建立一个合理的利益分配制度，同时，对政府的政策扶持与协调机能也不可以忽视，要确保农村与社区旅游一体化发展。

三、社区+公司+农户经营模式

在农村生态旅游开发初期，存在很多不足，如当地社区居民的参与经验很匮乏、整体意识差，政府的旅游相关政策还没有完善、旅游市场信息匮乏等，以致大部分农村没有办法进行大规模投资发展农村生态旅游。实践证明，以政府或是企业作为主导的社区参与开发的模式，往往能够带来一定的启动作用与经济效益。在“社区+公司+农户”模式中，公司和当地社区（比如村委会）进行合作，通过基层政府进行组织并发动农户参与农村生态旅游，与此同时，还对农户的接待服务以及参与旅游开发实行专业培训，并制定有关的运营标准，对农户的经营行为进行规范，以使接待服务水平与农村特色得到保证，从而对公司、农户与游客的利益起到全面保障作用，促进农村生态旅游的可持续发展。

农村生态旅游开发模式具有多个主体参与，“社区”指的是代表基层利益的村委会或是作为社区代表的农村生态旅游协会等机构，主要的任务是组织农户参与农村生态旅游的开发与经营，对农户经营的行为与农村生态旅游市场的秩序进行规范，并对公司的管理人员与财务状况实施监督；公司的重点在于农村生态旅游地的投资、开发、经营及管理；农户作为基本单元，主要提供旅游产品与接待服务，是确保社区参与的基本力量。

“社区+公司+农户”经营模式的旅游区具有以下特点：方便旅游产业链中各个环节的优势得到发挥，使得各利益主体的开发成本与利益均衡分配得到充分保障，使农村生态旅游开发过程中的过度商业化与农村文化庸俗化得到限制，有利于长久保持特有的乡村性；同时，对社区居民实现经济和社会增权具有有利影响，使社区居民全面参加农村生态旅游开发活动，以确保农村生态旅游长久的吸引力。社区、公司与农户之间存在相互制约的关系，这有利于旅游开发管理过程中的公平与公正，明确三者之间的权利职责，相互之间进行监督，通过协调合作，实现共赢的目的。

在实践过程中，由于这类旅游区的经营模式拥有多个利益主体，且这些主体之间存在合作博弈，于是在达到均衡利益、多方共赢的方面存有一定障碍。对于强势的政府与公司而言，在旅游发展过程中，农民没有话语权与决策权，在利益分配上处于从属地位，往往是象征式参与或是伪参与。社区和公司力量地位的不均衡等，来自难以准确量化社区的自然与文化资源所带来的问题，从而造成利益分配不均衡，往往是外来企业获取大部分的投资收益，并且伴有农村文化消失、环境破坏等不可逆转的变动。针对这类问题，一些农村生态旅游开发通过股份制进行运营操作，将土地使用权、不动产使用权、旅游资源、劳动与特殊技能等要素经过价值评估转化为公司股本，实施股份合作制经营的农村生态旅游开发模式，以寻求传统文化传承和社区利益追求的最佳契合点，从根本上对社区居民的经济利益与社会环境价值起到保障作用。

四、企业整体租赁经营模式

在企业整体租赁经营的旅游区内，把农村生态旅游的经营权与所有权分开，外来投资者进行资金输入，以获取农村生态旅游资源的使用权，将农村生态旅游资源分成成片土地，然后租赁开发，进行垄断性的建设、经营与管理，依据开发合作协议，经营者与农村资源所有者在一定范围内共同享有收益。一般这类旅游区的投资规模比较大，产品的档次比较高，通常是针对农村生态旅游产品进行深度的发掘及开发，也就是针对高端游客市场的产品开发，从接待服务功能角度来说，功能齐全；从旅游产品开发与设计角度来说，更加追求个性化、品质化与人本化。

外来投资企业将农村旅游景区或是项目进行承包经营，可以使其在旅游经营上运作管理的经验优势得到充分发挥，而且这类企业一般经济实力比较雄厚、市场运作能力较强，相对可以带动农村生态旅游的迅速发展，使得农村生态旅游在开发过程中的资金短缺、盲目前进等问题得到克服。除此之外，作为农村生态旅游开发融资的主要渠道，在一段时期内，农村集体出让农村生态旅游资源与品牌的经营权给外来投资者，以获得企业的资金、技术与品牌，并且占据旅游企业的一部分股权，可以参与经营及分红。

对于农村生态旅游来说，虽然企业整体租赁经营的模式能够快速地使其推进发展，但租赁企业把利益最大化作为目标，获得了旅游经营中的大部分利润，而社区居民大多集中在强劳力、非技术型、收入低的岗位，无法得到应有的利益补偿，长此以往，社区居民就会消极对待旅游开发。影响农村生态旅游开发融资的重要因素即土地流转问题，目前，缺乏明确的法律政策规定，农村生态旅游开发剥离了农村资源的经营权与使用权，所承担的政策风险较大。地方政府、农村管理机构、投资企业与当地居民中，只要有任何一方不合作，就有可能破坏和谐。它分离了资源的经营权与所有权，并长时间地转让经营权，突破了现有的管理体制的要求，在目前还未有明确法律规定的前提下，仍然要承受较大的政策风险。在企业租赁的末期，企业通常会采取许多短期利益行为，对社区居民的利益与农村生态旅游资源的长期开发利用造成严重损害。

位于拉萨市北郊的西藏娘热民俗风情园，是西藏嘎吉林建筑有限公司将娘热乡土地征用进行投资开发的有关藏文化民俗的旅游景点，当地有一个国家级非物质文化遗产，叫娘热甲米水磨加工技艺，该公司对其进行了深度开发。在景区内，游客可以体验到西藏农牧林区人民的民风民俗，观赏具有特色的民间歌舞表演与民间文化汇展，这个农村生态旅游景区已经建设成“国家级 AAA 旅游景点”，也是西藏首个国家级“全国农业旅游示范景点”。而在北京怀柔区的农村生态旅游开发中，利用外资建设新形态的农村生态旅游景区也流行起来，比如渤海镇慕田峪村的“小园餐厅”国际驿站，将特有的原始民居作为蓝本，原住民以整体租赁的方式转让房屋的使用权，外商将原有民居进行加固和装修，并配置了适度的现代化内部设施，把中西文化进行了充分融合，同时还为当地村民提供了就业机会。

五、村办企业经营模式

村办企业经营的农村生态旅游区往往是由村一级“村有的企业”开发和经营本村的农村生态旅游资源，事实上，这个旅游区是由村委会主持的，经村委会建立农村生态旅游协会或是游客服务中心，或是经村民自己筹备资金进行滚动式开发，建立旅游发展有限公司，然后以选举的方式选出代表作为经营主体，实施统一的管理、服务与培训，并监督与协调社区居民、村集体享有公司的全部资产，同时有些旅游区也会成为农村专业合作社。如龙坞茶村是位于杭州市西湖区的农村生态旅游目的地，这里就是以农村基层组织为主导的典型实例，该地区由村委会建立“龙坞茶村游客服务中心”，是作为旅游开发、经营与管理的实体，全面负责该村的旅游信息管理、咨询、宣传、培训及监督等工作。

这类农村生态旅游社团组织形式，以自我组织、管理与服务为主导，而在这类农村生态旅游开发模式中，村民自治是作为制度的铺垫，代表着社区行使土地使用权，社区居民会把旅游开发看作“自家产业”，具有较高的积极性，开发时能够更好地保持农村文化与农村的自然特性，避免发生没有秩序的竞争，在旅游资源保护以及生态环境的保护与建设等方面占据优势。相对外来组织如上级政府、外来公司等而言，它的信息收集、分析的能力以及处理内部矛盾的能力更强，通过优先吸收与安排当地村民进行就业，村民作为股东，享有获取经营收入或是分红的权益，又作为经营者享有参与旅游开发的权益。社区居民自主进行治理与协调，也使因引进外界的力量而导致自身收益被削弱所产生的矛盾得到避免。

村办企业所组织经营的旅游区面临的问题主要有两个方面：首先，资金受限，大多专业合作组织的运行资金来源较为单一，无法获得信贷支持，无法募集到足够的资金，对项目规模的扩大与水平的提高带来了直接影响；其次，整体管理水平受限，作为新型旅游组织，缺乏规范的管理，无法精准地预计经营的风险，管理的经验缺乏，往往会造成服务水平不高，以致在后续扩张以及更换产品时可能出现问题。因此，农村要想施行这种模式，必须具备丰富的旅游资源、良好的经济基础、交通设施与民俗文化，通过乡政府、办事处对个体农户进行组织，统一管理，制定统一的规划及建设要求，发展旅游接待设施与配套服务。位于山东省青州市的清风寨，通过当地旅游局的扶持，建立了农民专业生产合作组织，也就是山楂发展专业合作社，这个农业合作社组织实行的是利益共享、风险共担与联袂管理，将农村观光以及农产品的生产、销售、加工等多项功能进行了综合，实现了当地“农家乐”的统一管理与整体营销。

第二节 农村生态旅游的营销策略

成功的营销是实现旅游目的的切实保证，而一个成功的营销是建立在科学的营销理念和营销手段之上的。现在，仅仅大力推广单一的旅游产品已不能适应农村生态旅游的实践，因此要将食、住、行、游、购、娱等全面结合起来，组成一种全新的复合产品，要想达到这样的农村生态旅游目的，就不能还依靠传统的营销理论。近些年，农村生态旅游不仅发展迅速，而且日趋成熟，想要全面整合农村生态旅游资源、大力提高农村生态旅游竞争力，带领农村生态旅游走上可持续发展的道路，就必然要求营销手段有所创新和突破，实现绝对的营销竞争优势。可是，诸多原因造成我国农村生态旅游营销存在着一些问题，包括市场竞争秩序相对混乱、营销观念传统守旧、促销活动方式单一等。由此看来，农村生态旅游竞争力的提升，要以现代营销理论为基础指导，制定科学有效的营销策略。

一、把握可持续发展这一主旋律

确保农村生态旅游长期稳定发展的前提和核心必然是农村生态旅游理念的构建。只有对理念有了明确且深刻的理解，才能在此基础上对农村生态旅游产品进行设计和开发。旅游理念识别体现了旅游地在各个方面对待旅游者的态度和精神风貌等个性化的观念或思想。一个旅游胜地之所以会吸引游客，正是凭借其独特的人居环境、生产形态、风土民俗和田园美景，这正符合了人们想要回归自然、追求天人合一的美好夙愿，因此构建农村生态旅游营销，首要任务就是树立科学合理的营销理念。

农村生态旅游要想得以长期发展，就必须坚持可持续发展理念，并以此为架构来构建农村生态旅游的营销理念，这点无论是对农村生态旅游地形象的塑造，还是农村生态旅游的持续健康发展，都起着举足轻重的作用。除此之外，在大力进行旅游资源开发的同时，绝不能忽视生态环境的协调发展，成功的营销必须将服务质量重视起来，将服务变为切实可行的营销战略。

农村生态旅游营销可持续发展理念的全面贯彻，首先仰仗于农村生态旅游营销的“绿色营销”理念的贯彻实施。不得不说，农村生态旅游开展绿色营销，可谓天时地利，有着无可比拟的天然优势。农村生态旅游营销要紧紧把握可持续发展这一主旋律，切实贯彻“绿色营销”理念，针对市场需求，制定科学合理的现代营销理念。

二、准确定位目标市场，打造品牌

正由于在地理区位环境、资源特性、产品种类、知名度，以及生命周期、主体经营实力和市场营销战略上存在差异，所以各农村生态旅游产品选择目标市场所采取的营销策略也不尽相同。

在具体操作中，目标客源市场区域的确定以及开拓市场的前后顺序，都要以当地经济的实际状况、眼下的发展水平以及交通状况等为衡量尺度。选择目标市场，更需要进行细致的分析和评估，具体来看，可以从经营的主体资源、发展目标、竞争优势和市场规模等方面着手，认清市场需求，找准市场特点，从而有针对性地制定营销策略，切实做到差异性营销。

现代营销理念的核心和灵魂就是产品的知名度，即品牌。开发农村生态旅游市场，就要求旅游企业必须树立自己的品牌，改变消费者的认知取向，吸引消费者购买，并就产品的吸引力和其所呈现出的独特形象向消费者做简单全面的介绍。

品牌是公司提供的产品和服务，以及各种有形或无形的东西，继而连接消费者并产生各种关系的总和，它是一种标志，一种特殊符号，也是一种从消费者那里反馈回来的体验和感受。毫无疑问，旅游也是一种产品，不过其属于预消费产品，也就是说，这种产品区别于传统的消费活动，你不能当面清楚地对产品进行挑选，更不能实现快速消费。因此，消费者是否存在购买的意向，关键还在于旅游产品的品牌形象。现今的旅游市场，竞争相当激烈，想要在旅游市场占领绝对的制高点，形象塑造就必不可少。此外，旅游产品的不可移动性，也要求旅游产品要在形象的塑造和传播上猛下功夫，形成广泛的认知度，只有名声传播出去了，潜在的旅游者才可能制定出行计划，然后付诸行动。

据国外的一项旅游研究，在众多吸引旅游者的因素中，最为突出的就是“形象”，“形象”会激发旅游者的追求欲望，使其内心倾向出行，一探究竟。因此，打造旅游品牌、塑造品牌形象，制定行之有效的传播途径，这些已经成为旅游企业的必修课。

旅游特色品牌的塑造，第一步就要对市场进行全面且细致的分析，包括调查客源地的市场状况，了解当地的历史文化和民风民俗，详尽掌握当地的资源状况等。

三、改善基础设施建设，提升服务质量

想要确保农村生态旅游正常运行，就必须完善农村生态旅游应具备的基础设施，这是基础工作。这里所说的基础设施，其概念实际上是广义的，包含农村生态旅游基础设施系统和农村生态旅游服务设施系统两大类，前者主要包括道路交通设施、通信设施和水电设施等，后者主要包括住宿和餐饮设施等。农村地区的基础设施建设还相对较弱，根本无法与旅游发展的需求配套。就城乡现状来看，生活设施和娱乐设施都存在较大的差距，这无疑对农村生态旅游整体的发展带来了一定的阻碍，严重时更可能激发矛盾。由此看来，政府及相关部门有必要对农村生态旅游的发展提供强有力的支持，不仅要逐步加大农村基础设施建设的资金投入，而且在经营管理上，要实现规范化，加大服务人员的培训力度，使其服务质量得以不断提升。

四、开发特色产品，进行品牌营销

制定产品的营销策略，要鼓励创新，务求在新的方法上提升产品的质量。首先，设计开发农村生态旅游产品，要以农村固有的突出特点为基础，使其产品保留传统特色，例如手工艺品和特

色农产品。其次，要着重突出农村文化特色，围绕农村主要风景区，展现农村传统农事活动、聚居形式、生活日常、农业生态、农产品、农家饭等，同时，结合当代发展趋势，挖掘和突显农村难能可贵的本质内容。再次，传扬农村吃苦耐劳的品质，让游客身体力行，在服务中体验农村精神，通过具体的行动，在精神上感染游客，达到言传身教的意义，同时超越那些只注重普通旅游服务的项目，将“农村”服务形象牢牢地树立起来。最后，积极实现游客参与、主动体验、尽享娱乐等互动项目的自主开发，同时，加大宣传特色旅游产品和旅游整体形象，注重品牌的营销，逐步打响旅游地的知名度以及美誉度。

五、因地制宜，选择合适的营销策略

农村地理区位的不同，以及历史文化、风土人情、环境、发展战略等条件的差异，致使有些农村较早得到开发，并获得了比较不错的成绩，但有一些农村开发较晚，还处于初期开发阶段，更有一些农村，甚至对发展旅游没有足够的认知，不了解其中的巨大作用。所以，开展旅游营销，要因地制宜，针对客观实际制定不同的营销宣传策略。

（一）发展比较超前的地区

针对农村生态旅游开发较早、发展良好，并初具规模的地区，由于其已经具备了一定的经济实力，而且已经得到消费者的认可，在社会上享有一定的知名度，所以采取无差异目标市场营销策略较为合适，即将所有的目标市场都视为具有相同旅游需求的对象，采用相同的价格、促销手段以及销售渠道，针对潜在农村生态旅游者进行有策略的统一营销。

（二）发展比较落后的地区

针对农村生态旅游开发较晚，发展相对迟缓且落后的地区，要充分发挥好当地政府的职责。首先，在旅游发展初期，要以政府为主导，稳定发展。其次，在旅游发展步入正轨后，要以政府为引导，以市场需求为主导，快速发展。同时，要把建设基础设施和配套设施的事项放在基础位置，使农村生态旅游能够得到长期的发展。就旅游目标市场而言，则有必要进行更详细的分类，以求有所针对地吸引旅游者，使其更加了解和认识目的地的旅游产品，最终心驰神往，实现旅游的目的。

六、充分使用新媒体，拓展营销渠道

与时俱进，积极利用新媒体营销策略。新媒体是一个相对的概念，主要是指在新的技术支持体系下得以出现的全新的媒体形态，包括数字杂志、数字电视、数字广播、数字电影、手机短信、网络、移动电视和触摸媒体等。新媒体具有一些显著的特点，例如具有丰富的形式、较强的互动性、广泛的渠道、较高的覆盖率、传达的精准度、较高的性价比、相对方便的推广方式等。正因如此，在现代传播产业中，新媒体的地位已经显得至关重要，所以要将传统营销方式与新媒体营销结合，一步步提高营销效率。

营销评估反馈系统，能够有效地了解顾客的预定记录、旅游详细记录以及旅客的满意度，所以规划和建立科学的营销评估反馈系统就显得尤为重要。建立数据库信息，主要是以顾客基数为主，从这些信息数据中，可以对目标市场有一个大概的了解，包括实际的消费水平和基本的需求，如此一来，就能有所针对性地对顾客进行营销，凸显农村生态旅游有别于其他旅游的巨大优越性，使其在营销中立于不败之地。

第三节　培养农村生态旅游从业人员

从事农村生态旅游的人员主要来自两方面，其一，从外面引进的优秀人才，其二，自己不断培养起来的优秀骨干。眼下，正处于农村生态旅游开发的初始阶段，人员基本上还是自己培养，也就是指将当地的村民有组织性地集合起来，进行统一的培训，培训达到标准后再分配其从事农村生态旅游经营管理和服务工作。以村民为主体的从业人员，是农村生态旅游所决定的。其一，村民拥有住宿、餐饮和游览场所等旅游设施的所有权，他们不仅对这些设施了如指掌，而且带有深厚情感，使其能够在旅游设施管理上细致认真，实现对设施的良好保护。其二，让农民从事旅游经营管理和服务，使其在务农之外也可以得到就业的机会，这无疑拓宽了农民的就业渠道，使其不用再局限于农业种植的传统行业。同时，新的工作增加了农民的收入，这对于改变农民贫穷落后的经济局面具有非常重要的意义，这也正是新农村建设一再强调的重中之重。

一、从外面引进

针对农村生态旅游起步较早，拥有优越条件的地方，从业人员的选择，除了农村自身培养的人才外，还可以面向社会广泛招聘，以壮大和充实农村生态旅游人才队伍。招聘应以一些高校的旅游专业毕业生为对象，当下，旅游教育培养体系已经得到了初步完善，从职业高中、中专、大专到本科生和研究生，都有学习旅游教育的专科人才。同时，多达上百所的教育院校也都开设了旅游专业课程，在校学习的旅游专业生更是多达十几万人。旅游专业课程涉及知识非常全面，管理知识就包括旅游管理、酒店管理和景区管理等内容，服务主要包括导游服务和宾馆服务等，此外，还有旅游规划、旅游策划与营销等课程，每年从这些院校毕业的人才可以达到几万人。其实，这些毕业生中有绝大一部分都来自农村，他们学习认真刻苦，已经掌握了较为扎实的基础知识和较强的专业技能，同时，眼界开阔、思路清晰，对现代科学技术掌握较好，再加上对农村熟悉，使其具有无可比拟的就业优势。所以说，将这类人才中的一部分吸引回农村，让其投身农村生态旅游发展的事业，对于农村生态旅游的发展有着重要的促进作用。

二、开展立体培训

开展教育培训，要做到全方位、分层次和立体式，针对各阶层的管理和服务人员，做到有所区别和针对。从乡镇分管领导、农村生态旅游单位管理者到市场营销人员和一线工作人员，绝不能对他们进行一样形式和内容的培训，他们都有各自的不同特点和要求，所以培训也应结合这些特性来进行，对分管领导，要以提高认识为主；对旅游单位管理者，要以不断更新其经营理念为主；对市场营销人员，要以提升业务水平为主；对一线工作人员，要以加强其基本工作技能为主。此外，培训也要分批次、分人员进行，通过走访调查，对在农村里能力突出，具有一定发展潜力的人员进行优先培养，例如村组织干部、专业农户、农村经济人、农民合作经济组织骨干、复员军人和远程教育接收站点管理员。此外，初、高中毕业生也是着重考虑的对象。针对上述人员，培养他们学习科学和利用科技的能力，以及带动周围群众致富的能力。

总之，要逐步建立起培养体系，包括政府、企业和个人从业人员在内的全方位培训。现今，农村生态旅游发展的迅猛趋势已经要求必须建立一种培养体系，将政府组织、企业组织和从业人员有效组织起来。在农村生态旅游开发初期，政府和相关部门是培训的主体，在农村生态旅游渐渐步入正轨后，要求政府将旅游职业资格的认证和职业技能的培训放在首位，例如导游资格证、旅行社经理证、电子商务师、茶艺师和营销员等。实施此类工作过程中，政府和相关部门应该设置行业进入要求和上岗资格要求，同时，对各级各类旅游教育培训与认证机构进行规范的管理。对农村生态旅游企业而言，有了政府的引导和支持，还需在企业内部建立培训体系，在经费、培训人员全部到位的情况下，对企业员工进行培训，培训对象包括高层管理者、专业技术人员以及基层员工。对农村生态旅游从业人员来说，提高自身职业技能应该是自主的行为，这就要求他们增强自我培训意识，懂得适者生存的道理。现今来看，自我培训的方式很多，如自修、远程教育、函授和外出参观等。

三、政府积极引导

培养农村生态旅游从业人员离不开政府的引导和支持，只有政府将人员培养重视起来，各级各类的人员培养才能有效开展下去。政府的首要任务就是制定相关的人才政策，并在各级旅游总体开发的规划中广泛推广，为人才培养提供强大的政策、经济和技术支持。此外，有政府的参与，就能利用多种渠道建立一种行之有效的农村生态旅游人才培养方式，使农民认识到培训的重要性，继而积极参与进来。

四、多种培训模式

1. 培训内容一对一

农村生态旅游从业人员在素质上存在一定的差异，这就要求对培训项目和培训内容要所有区别，根据自身的实际情况，让从业人员自主选择培训内容。培训项目与内容一般包括下面几种。

（1）公共知识的培训。如服务礼仪、消费心理、卫生与环保、家政筹划、法律常识、组织纪律和经济常识等方面的培训。

（2）专业技术知识的培训。如农村生态旅游产品开发知识、旅游企业管理知识、电子商务知识、市场营销知识和其他农村生态旅游方面的专业知识。

（3）专业操作技能的培训。如厨艺、茶艺、清扫、果树修枝、蔬菜果树的栽种与护理、农场机械操作与维修等。

2. 培训形式多样化

想要增加农村生态旅游人才的数量，提升其整体素质，就有必要将培训形式多样化，将长期和短期、联合和独立、集中和分散、自学和面授等培训方式结合起来，具体如下：

（1）本地基础性培训。这种培训以从业人员实际需求为主，在基础的实用技术上开展各种形式的培训，培训时间可以选择旅游淡季和其他业余时间，对象则集中在某类型的从业人员上。这种培训适合非紧迫性内容、工作必需性内容的培训，一般以公共知识培训和操作技能培训为主。

（2）参观考察学习。有针对性地挑选出一批从业人员，带领他们前往一些农业旅游示范点或农村生态旅游胜地，通过参观汲取经验，寻找适合本地的发展方法。

（3）从业人员自学。没有人会比自己更了解自己，每个从业人员都有不足之处，通过自主学习，弥补不足，是非常有效的培训方式之一。自学，拥有非常高的主动性是其一大特性。自学的渠道也很多，包括读书、收听广播、观看电视、上网、参加远程教育与培训等。通过自学，诞生了一大批知识丰富、技术扎实、善于经营和管理的新型农村生态旅游从业人员。

（4）外地专项培训。这种培训方式使人获益匪浅，同时又广受欢迎，主要集中在专业技术知识培训、经营管理知识的系统培训和休闲娱乐知识培训等方面。

3. 优选培训机构和培训师资

选择农村生态旅游人才的培训基地是一项非常重要的工作，无论是选择高等院校、中等专业学校以及中等职业学校，还是某些培训机构，都要将规范的教学管理、较强的培训实力等作为选择的衡量标准。在具体选择上，也需结合从业人员的实际培训要求，在地域和层次上有所区别地进行院校选择。在组建培训师资队伍上，需要严格筛选，不仅要求具有扎实的专业知识、较强的实践能力和素质，更要求其应具备奉献精神，全心全意投身农村生态旅游建设中。

第四节 优化农村生态旅游利益关系

农村生态旅游发展的利益主体并不是单一的，它不仅包括当地政府和农民、游客以及第三方利益主体，也包括所占用的土地、环境和生态以及其承载的各种生物和相关人群。这就要求，发展农村生态旅游必须以平衡和改善各种利益关系为主，朝发展和谐与可持续的农村生态旅游迈进。

一、树立协同发展观念

当下，利益分配不均的问题依然普遍存在于我国农村生态旅游的发展中，由此必然会给当地旅游带来一定的负面影响，对此不得不引起足够的重视。可想而知，利益分配不均长久下去的结果就是旅游地区内贫富差距的扩大，从而导致严重的恶性循环，即为了追逐短期的经济利益，各利益主体会不择手段地抢掠资源，过度开发，污染环境，最终完全破坏了生态旅游区的资源环境，继而在开发和破坏间恶性循环。

利益分配不均一定程度上也影响了政府的政策制定。如地方政府想要发展当地的经济，提高居民生活水平，解决就业问题，就必然会违背生态旅游可持续开发的政策和行为，而走上盲目发展的道路，最终自食恶果。由此看来，政府应该防患于未然，及早处理利益不协调的问题，建立各种协调机制，制定可持续性的政策支持。

其实，开发旅游景区最直接的目的是为了促进社区经济的发展，景区和社区是最直接的利益主体。由此来看，在景区建设上，景区和社区是可以达到经济双赢的。但从实际情况看来，景区与社区在景区开发中的收益分配并不公平，相比较而言，景区的收益比社区的收益要高很多。所以说，在农村生态旅游开发中，景区、社区和政府都要树立“共赢”思想，正确认识景区与社区发展的关系；实践中，在政府的社会管理协调与指导职能作用下，通过景区和社区的资源整合和功能互补，可实现景区、社区的协同发展。

二、建立利益分配机制

所谓利益机制，就是为了划分社区资源和旅游相关利益以及实施和监督责任的目的，制定相关政策及制度的方式。它将实现合理分配社区利益和建立可持续发展的生态旅游社区作为终极目标。建立科学合理的利益分配机制的步骤如下。

（一）规范追求利益的行为

现今的生态旅游发展中，追求眼前经济利益的行为比比皆是，正是为了规范这些行为，才有必要建立科学合理的利益分配机制。社区旅游开发的初始阶段，市场还没有完全发育，市场规则也并不健全，这些普遍存在的问题诱发了一些非法手段的出现，在经营者获取不正当利益的同时，对社区成员的利益造成了损害。

（二）在各方面拓宽参与

现今，在经济落后地区开展农村生态旅游的情况居多，当地居民文化水平较低，并不积极参与旅游建设，即便参与了水平也有限，这就使居民参与旅游的力度、深度和效果受到了一定程度的影响。想要达到高效、全面参与，就必须将参与主体的具体情况调查清楚，就具体的参与内容、参与项目、参与方式等问题进行分析研究，最终针对不同人员设计可供自由选择的参与项目和参与方式。除此之外，也要集中当地居民组织教育，借此提高他们的旅游意识和参与意识，以及形成正确的文化观念、现代观念和资源环境观念，加强其保护当地环境和文化的意识，带动其积极参与的热情。例如，位于汤口镇的黄山风景名胜区，旅游服务部门对当地居民的教育就是通过定期上门宣传实现的，通过不断地激发和规范，参与经济活动的居民越来越多，时至今日，几乎实现了全员化。在旅游管理和服务技能上，培训效果也非常显著，居民参与旅游的能力与水平都有提升，不仅能就旅游规划方案提供意见，而且对旅游规划的实施和监督起到了重要的配合作用。例如，在云南丽江风景区，当地泸沽湖妇女被旅游管理者组织起来学习英语，以此提升他们参与旅游的能力。

此前，社区参与旅游还只是以劳动参与为主，基本上不涉及其他形式的参与。针对这一情况，可以尝试新的参与方式，如以资源入股、劳务入股和权力入股等形式为主的入股参与方式。旅游地区的社区居民可以将集体或个人所拥有的不动产或其他实物资源折合成股份入股公司，这样他们就能从这份股份中享受持续的收益。

（三）建立生态保护机制

所谓生态旅游发展保护机制，就是指在旅游发展过程中，各利益主体之间应该明确各自所应承担的责任权问题，以及对资源环境开发的使用权问题，前者是重中之重，因为针对开发中可能出现的负面影响，首要任务就是明确责任地位和类别。

生态保护机制的贯彻实施，需要政府的全面监督与管理，如发现某些利益主体在行为上有所偏颇，就应及早控制，以减轻对其他利益主体的损害，或避免环境破坏对可持续发展的生态旅游造成的负面影响。

三、提高社区居民的地位

想要提高社区居民参与旅游的能力、水平及效率，就要适当提高社区居民的社会经济地位，这样也能进一步增加他们的收入水平。主要方法包括：其一，将实物资源（旅游资源、土地等）折算成股份，一旦居民入股旅游经济，其社会经济地位自然就会得到提升。其二，加强技术能力，提高文化教育水平，通过自我充电实现社会地位的提升。

入股的方式其实具有一定的针对性，它主要适合于贫困落后的生态旅游地区，这里旅游资源和相关旅游资源都十分丰富，完全可以折合成股份入股，让当地居民变身为旅游开发的股东，享有股东应有的决策权与收益权。这要求在招商引资时，要为居民争取在旅游发展中的控制权与自主权，改变原有的“局外人”的不利局面，使其成为旅游开发经营的实际主人，并可以在今后的旅游收益中凭股份参加分红，得到比现今更大的收入份额。

后者主要适用于现阶段我国尚没有实行这方面教育培训的地区。通过相应基础知识的教育和技术能力的培训，不断提升居民的文化教育水平和技术能力，使他们拥有强大的竞争力，能够在旅游就业中获得先机，同时这也是提升单位劳动价值的唯一途径。

四、促进交流与沟通，提供同等参与机会

正视生态旅游发展中的矛盾，协调各利益主体间的不均衡关系，是政府一直以来的重要工作。实现信息公平，以及公开公正的交流和沟通，是出于居民能够有同等机会参与旅游的考虑，这样也能避免因机会不等而造成的收入不均。具体工作可以从以下几方面着手。

（一）广泛宣传

宣传是指就相关的旅游政策、旅游资源、旅游环境和地方传统文化等方面内容，走家串户地进行宣传教育，提高当地居民对生态旅游的基本认知。宣传有很关键的作用，决定着居民是否给予支持的态度。

（二）开展教育活动

教育是指对居民进行深刻的教育，内容应丰富，可以阐述旅游开发的本质，讲解旅游开发的具体内容，也可以概括讲明开发过程中造成的环境问题，包括好的和坏的，更可以宣传保护旅游资源环境的重要意义。教育的最终目的就是希望居民能够更加深入地了解生态旅游开发的相关问题。

（三）进行相关培训

培训是指就参与管理与服务技能两方面对居民进行专门的培训。培训之所以重要，是因为它直接决定了居民的旅游就业能力，与具体内容、项目和层次的选择联系紧密。

（四）关注弱势群体

特别关注和照顾弱势家庭和个人，并针对这些弱势群体，建立相关的利益保障机制或补偿机制。

随着农村生态旅游的开发和发展，息息相关的各个利益主体之间也逐渐显示出巨大差异，而原本就存在差异的社会习惯、历史文化传统，以及经济发展状况、个人技能水平、文化素质、信息掌握情况，等等，此时更加成为影响旅游的参与热情、参与程度、参与效度的重要因素。针对上述情况，政府逐步完善了生态旅游发展机制，也相继出台了一些相关制度和政策，初步改善了主体利益不均的现状，为建立可持续发展的生态旅游奠定了牢固的基石。